Las Estafas Digitales

Ángel Arias

ISBN: 978-1495489051

Índice de Contenidos

INTRODUCCIÓN	6
ESQUEMA PIRAMIDAL	8
HISTORIA	9
IDENTIFICANDO CARACTERÍSTICAS	10
SATURACIÓN DE MERCADO	12
MODELOS BÁSICOS	12
MODELO DE LOS "8 BALONES"	12
ESQUEMAS EN MATRIZ	15
COMPARACIONES CON EL MARKETING MULTINIVEL	16
HOAX	17
PHISHING	18
TIPOS DE ATAQUES DE PHISHING	18
ATAQUE AL SERVIDOR DNS	18
URLS FALSAS	18
FORMULARIOS HTML FALSOS EN EMAILS	19
UN BREVE HISTÓRICO	19
TIPOS DE CORREOS ELECTRÓNICOS UTILIZADOS	20
EMAIL	20
SPEAR PHISHING	20
FRAUDE 419	21
IPHISHING	21
VISHING SCAM	22
POR MENSAJERÍA INSTANTÁNEA	23
WEBS DE RELACIONES	24
¿COMO TUTÉAN ESAS PERSONAS?	24
ETAPAS DEL PROCESO TRADICIONAL	24
TIPOS DE ROBOS	26
ROBO DE IDENTIDAD	26
ROBO DE INFORMACIONES BANCARIAS	26
CONSEJOS PARA PROTEGERSE	28
ALGUNOS CUIDADOS ANTES DE LEER LOS EMAILS	28
TÓPICOS DE SEGURIDAD EN INTERNET	28

SPAM 30

INTRODUCCIÓN 30
MEDIOS DE ENVÍO. 32
CORREO ELECTRÓNICO 32
TELÉFONO MÓVIL 33
MENSAJERÍA INSTANTÁNEA 33
GRUPOS DE NOTICIAS Y FOROS 33
MENSAJES DE JUEGOS ONLINE 34
BLOG, WIKI Y LIBRO DE VISITAS 34
REDES SOCIALES 34
TIPOS 35
RUMORES (*HOAXES*) 35
CORRIENTES (*CHAIN LETTERS*) 36
PROPAGANDA 36
FRAUDES (*SCAM*) 37
ROBO (*PHISHING*) 40
PROGRAMAS MALICIOSOS 40
OFENSIVOS 41
MOTIVACIÓN 41
ETIMOLOGÍA 42
HISTÓRICO 44
CUESTIONES SOCIALES 49
CUESTIONES ECONÓMICAS 51
CUESTIONES POLÍTICAS 52
GUERRA DEL SPAM 53
RECURSOS DE LOS SPAMMERS 54
RECURSOS DE LOS ANTI-SPAMMERS 55

HYIP 58

MARKETING MULTINIVEL 60

CONCEPTO 60
ONDAS 61
MODELO DE NEGOCIO 63
FUNCIONAMIENTO 64
ESTRUCTURA 65
FACTORES LEGALES 66
CRÍTICAS AL SISTEMA 67
SATURACIÓN 68

ESQUEMA PONZI 70

HISTORIA 70
CARACTERÍSTICAS 73
AUTORES DE ESQUEMAS FRAUDULENTOS FAMOSOS 75

LOS FRAUDES MÁS POPULARES 78

ESQUEMA NIGERIANO 78
NOVIAS 79
OFERTAS DE EMPLEO 79
LOTERÍAS FALSAS 80
FACEBOOK/HOTMAIL 80
COMPENSACIONES 80
ENGAÑOS DIRECTOS 81
TROLL (INTERNET) 81
BANKER 86
EL CEBO 88
GIROS POSTALES FALSIFICADOS 89
FRAUDE AUTOMOTRIZ ONLINE 90
EXPORTACIÓN DE COCHES Y LAS COMPAÑÍAS DE VERIFICACIÓN 91
ESTAFA CHEQUE DE CAJA. 91
REENVÍO 93
FRAUDE PAYPAL 99
OPORTUNIDAD DE NEGOCIO O ESQUEMAS DE "WORK -AT -HOME" 99
FRAUDE DE LAS DONACIONES 101
FRAUDE DE ENTRADAS POR INTERNET 107
FRAUDE SEO 107
HAGA CLIC EN EL FRAUDE 107

CONCLUSIONES 109

BIBLIOGRAFÍA 110

ACERCA DEL AUTOR 111

Nota del Autor

Esta publicación está destinada a proporcionar el material útil e informativo. Esta publicación no tiene la intención de conseguir que usted sea un maestro de las bases de datos, sino que consiga obtener un amplio conocimiento general de las bases de datos para que cuando tenga que tratar con estas, usted ya pueda conocer los conceptos y el funcionamiento de las mismas. No me hago responsable de los daños que puedan ocasionar el mal uso del código fuente y de la información que se muestra en este libro, siendo el único objetivo de este, la información y el estudio de las bases de datos en el ámbito informático. Antes de realizar ninguna prueba en un entorno real o de producción, realice las pertinentes pruebas en un entorno Beta o de prueba.

El autor y editor niegan específicamente toda responsabilidad por cualquier responsabilidad, pérdida, o riesgo, personal o de otra manera, en que se incurre como consecuencia, directa o indirectamente, del uso o aplicación de cualesquiera contenidos de este libro.

Todas y todos los nombres de productos mencionados en este libro son marcas comerciales de sus respectivos propietarios. Ninguno de estos propietarios han patrocinado el presente libro. Procure leer siempre toda la documentación proporcionada por los fabricantes de software usar sus propios códigos fuente. El autor y el editor no se hacen responsables de las reclamaciones realizadas por los fabricantes.

Introducción

Internet se ha convertido a día de hoy en una herramienta de comunicación más en nuestro día a día. Sin darnos cuenta, usamos Internet para enviar información personal para solicitar información sobre algunos productos, dar nuestras opiniones en foros o blogs, realizar algún tipo de gestión con alguna entidad bancaria o gubernamental, abrimos correos que parecen ser de personas o entidades conocidas cuando realmente no lo son, instalamos que nos ofrecen en Internet sin saber realmente lo que hacen, publicamos datos personales en redes sociales que pueden ser accesibles desde cualquier parte del mundo, invertimos en negocios increíbles que nos hacen creer que vamos a ganar fortunas sin ningún esfuerzo y un sin fin de cosas más que hacemos diariamente, y pocas veces prestamos la suficiente atención a la seguridad de nuestro ordenador, a la privacidad de nuestros datos, y peor aún, confiamos en personas que se nos presentan de la nada, con buenas palabras, con una buena imagen y con un buen producto, y con nos damos cuenta, ya no volvemos a saber nada de esas personas, pero tampoco de nuestro dinero ni de nuestro negocio.

Internet ha crecido exponencialmente en la última década, y con el ello el comercio electrónico, pero lo que es peor, el fraude y el engaño también ha crecido exponencialmente conjuntamente al comercio electrónico.

Con la gran popularización del uso de Internet, se han creado numerosos nuevos modelos de negocio que están sustituyendo a algunos modelos de negocios tradicionales, por ejemplo, la prensa, ya casi nadie compra periódicos, sino que lee las noticias del periódico en Internet, y el periódico genera sus ingresos por medio de la publicidad, en vez de por la venta directa del periódico. U otro ejemplo ha sido la irrupción de Youtube.com, debido al gran impacto de esta web, la gran mayoría de la televisiones han perdido parte de su audiencia, ya que ahora muchas personas dedican más tiempo a ver vídeos en Internet (siendo Youtube.com, el principal canal) que ha ver la televisión, lo cual a cambiado el modelo publicitario, que ahora divide sus inversiones entre las televisiones y los distintos canales de vídeos como Youtube.com para realizar su campañas publicitarias.

Dentro de este aumento de nuevos modelos de negocio hay que distinguir los modelos de negocio que han cambiado un modelo de negocio tradicional, como los dos ejemplos que hemos visto, y los nuevos modelos de negocio totalmente nuevos, generados a partir de la irrupción de Internet en la sociedad, tales como eBay (subastas), Amazon (libros electrónicos), o los negocios multinivel como Herbalife, o el mercado del marketing digital más conocido como SEO y SEM. Estos últimos modelos de negocio son prácticamente exclusivos a la irrupción de Internet en nuestras vidas, digamos que son modelos de negocio que tienen a Internet como base de su negocio, de ahorro de coste, de soporte logístico, etc…es decir, que no serían posibles si no existiera Internet.

Este gran auge de nuevos modelos de negocio ha derivado también en un gran auge de nuevos fraudes y engaños, que se hacen pasar por nuevos modelos de negocio de Internet, confundiendo a las posibles víctimas haciéndole creer que se convertirán en los nuevos Donald Trump o Steve Jobs.

Este libro tiene objetivo enseñarle a aquellas personas que no tienen mucha experiencia con el uso de Internet, o para aquellas personas que empiezan a tener confianza en Internet y empiezan a realizar compras online, que no se dejen engañar, para enseñarles a investigar un poco sobre la web antes de realizar una compra para asegurarse de que la web pertenece a una empresa legítima y que no es una empresa falsa.

En este libro podrá ver los principales fraudes y engaños que se cometen hoy en día en Internet, así como que efectos provocan estos engaños sobre las víctimas o, como ocurre en algunos, incluso a la sociedad en general.

Esquema piramidal

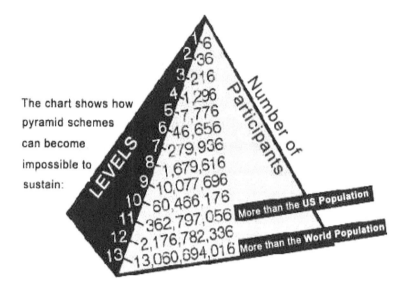

The chart shows how pyramid schemes can become impossible to sustain:

LEVELS
Number of Participants

1 6
2 36
3 216
4 1,296
5 7,776
6 46,656
7 279,936
8 1,679,616
9 10,077,696
10 60,466,176 More than the US Population
11 362,797,056
12 2,176,782,336 More than the World Population
13 13,060,694,016

Un **esquema piramidal,** también conocido como **pirámide financiera**, es un modelo comercial previsiblemente no-sostenible que depende básicamente del reclutamiento progresivo de otras personas para el esquema, a niveles insostenibles . En los Estados Unidos, la *Federal Trade Commission* imparte clases para identificar a aquellos que parecen ser esquemas pirámidales. Los esquemas piramidales existen desde hace por lo menos un siglo.

El esquema de pirámide puede ser enmascarado con el nombre de otros modelos comerciales que hacen ventas cruzadas tales como el marketing multinivel (MLM, sus siglas en inglés), que son legales.

La mayoría de los esquemas piramidales intentan sacar ventaja de la confusión entre negocios auténticos y fraudes, y lo hacen de una manera convincente, que le convencerá de que tienen una manera de hacer dinero fácil. La idea básica que está detrás del fraude es que el individuo hace un único pago, pero recibe la promesa de que, de alguna forma, recibirá beneficios exponenciales de otras personas como recompensa. Un ejemplo común puede ser la oferta de que, por una comisión, la víctima podrá hacer la misma oferta a otras personas. Cada venta incluye una comisión para el vendedor original.

Claramente, el error fundamental es que no hay beneficio final; el dinero simplemente recorre la cadena, y solamente el idealizador del fraude (o, en la mejor de las hipótesis, unas pocas personas) ganan haciendo trampas a sus seguidores. Las personas en la peor situación son aquellas que están en la base de la pirámide: aquellas que firmaron el plan, pero que no son capaces de reclutar a otros seguidores. Para llamar la atención, la mayoría de tales fraudes presentará referencias, testimonios e informaciones para dar credibilidad a sus planes de negocio.

Historia

Los esquemas piramidales suceden en muchas variaciones. Los primeros esquemas envolvían una *corriente postal*, distribuida con una lista de 5 a 10 nombres con respectivas direcciones. Al destinatario se le decía que enviara una pequeña cantidad de dinero (normalmente de $1 a 5$) a la primera persona de la lista. El destinatario entonces eliminaría a esta primera persona de la lista, movería todos los nombres restantes una posición por encima y añadiría su propio nombre (y posiblemente otros nombres) a la parte de bajo de la lista. Entonces, él enviaría una copia de la carta con la nueva lista de nombres a los individuos que aparecían en la lista. Se esperaba que este procedimiento fuera repetido y así el destinatario original sería movido hacia la parte de arriba de la lista y lograría recibir dinero de otros destinatarios de la corriente.

El éxito de tal emprendimiento se apoya únicamente en el crecimiento exponencial de nuevos miembros. De ahí el nombre "pirámide", indicando la población creciente en cada capa sucesiva. Infelizmente, un análisis simple se dará cuenta de que con unas pocas iteraciones, la totalidad de la población global necesitaría entrar en el esquema para que los miembros existentes y futuros ganaran algo de dinero. Es decir imposible, y la matemática garantiza que la vasta mayoría de aquellos que participen en los esquemas piramidales perderán el dinero invertido.

Los esquemas piramidales a gran escala nacieron en algunos de los estados que constituían la antigua Unión Soviética, donde las personas tenían poca familiaridad con el mercado de acciones y eran inducidas a creer que los rendimientos de más del 1000% eran posibles e incluso habituales. Particularmente notorios fueron los *esquemas piramidales MLM* en Rusia y otros esquemas similares en Albania. En el último caso, los esquemas casi causaron un levantamiento popular.

Aunque no sea un esquema piramidal en el sentido estricto, el infame esquema Ponzi de Charles Ponzi merece una mención aquí, debido a algunas semejanzas.

En Brasil uno de los hechos más conocidos es el "Buey Gordo" creado por el empresario Paulo Roberto de Andrade dejando R$ 2,5 billones en deudas y engañando más de 30 mil personas.

Identificando características

La característica distintiva de estos esquemas es que el producto vendido tiene poco o ningún valor intrínseco o es vendido por un precio fuera de la realidad de su valor de mercado. Entre los ejemplos, "productos" tales como folletos, DVD´s o sistemas que meramente explican al comprador como reclutar nuevos miembros, o la compraventa de listas de nombres y direcciones de posibles candidatos. El coste de estos "productos" puede llegar a ser de centenares o de miles de euros. Una versión común en internet es la venta de libros o manuales titulados "How to the make $1 million on the Internet" ("Cómo ganar 1 millón de dolares en internet") y cosas de ese estilo. Otro ejemplo es un producto como un modem dial-up que supuestamente usa alta velocidad y/o Voip, vendido por un valor por encima del precio medio de mercado comparado con otro producto igual o similar, en cualquier parte. El resultado es que solamente una persona desenvuelta en el esquema sería capaz de comprarlo y el único modo de hacer dinero es reclutar a más y a más personas, que también pagarán más de lo que deberían. Este valor añadido que se paga es lo que se usa para crear la base del esquema piramidal. Efectivamente, el esquema es generado más por las compras superfacturadas de los nuevos asociados que por la tasa "de suscripción o de membresía" inicial.

Los principales identificadores de un esquema piramidal incluyen:

• Ventas efectuadas en un tono exagerado (y algunas veces incluyen regalos y promociones).
• Poca o ninguna información sobre la empresa (a menos que se quieran comprar los productos y hacerse un miembro de esta).
• Promesas vagamente enunciadas sobre rendimientos potencialmente ilimitados.
• Ningún producto real o un producto que es vendido por un precio ridículamente por encima de su real valor de mercado. La descripción del producto hecha por la empresa es bastante increíble y exagerada.
• Un flujo de renta que depende prioritariamente de la comisión recibida por el reclutamiento de nuevos asociados o productos adquiridos para uso propio, en vez de ventas para consumidores que no son participantes del esquema.
• La tendencia de que sólo los creadores/primeros asociados tengan alguna renta real.
• Garantías de que es perfectamente legal participar.

La principal diferencia entre estos esquemas y negocios legítimos de MLM residen en que en el segundo caso, puede ganar una renta considerable solamente con las ventas de productos o de los servicios asociados a los consumidores que no están asociados al esquema. Aunque algunos de estos negocios de MLM también ofrecen comisiones por el reclutamiento de nuevos miembros, esto no es esencial para que el negocio tenga éxito por cualquier miembro de manera individual. Tampoco la ausencia de pago por el reclutamiento de nuevos miembros significa que un MLM no es la fachada de un esquema piramidal. La característica primordial es si el dinero viene básicamente de los propios participantes (esquema piramidal) en el caso de un producto. O si el dinero de las ventas de los productos o de los servicios provienen de los consumidores que no participan del esquema (MLM legítimo).

Saturación de mercado

Las personas en el nivel inferior de la pirámide, no importa cuan lejos esté dentro del esquema, siempre pierden el dinero invertido. Es fácil constatar que el número en el nivel básico de la pirámide siempre excede al total de aquellos que están en los niveles de arriba, no importa cuántos niveles existan. Si cada nivel tiene reclutar a 6 miembros por debajo de él, la proporción de los que pierden contra los que ganan está próxima a un 5 a 1, es decir, el 84% de todos los inversores perderán el dinero invertido.

Modelos básicos

Modelo de los "8 balones"

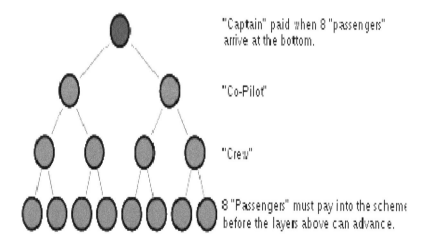

El modelo de los 8 balones contiene un total de 15 miembros.

Muchas pirámides son más sofisticadas del que el modelo que hemos visto arriba. Estas reconocen que reclutar un gran números de personas para crear un esquema puede ser tarea difícil, y entonces simplifican la tarea. En este modelo, cada persona debe reclutar otras dos, pero la facilidad de la ejecución es anulada por el simple hecho de que la profundidad necesaria para recuperar algún dinero también aumenta. El esquema exige que una persona reclute a otras dos, que deben reclutar otras dos, que deben reclutar dos otras etc.

Las versiones más antiguas de este fraude fueron llamadas de Fraude "del Avión" y los cuatro niveles fueron llamados "comandante", "co-piloto", "tripulación" y pasajero "" para indicar el nivel de la persona. Otro ejemplo fue el llamado "Original Dinner Party" (algo así como "Fiesta de la Cena Original"), que llamaba a los niveles " sobremesa", "plato principal", "ensalada" y "entrante". Una persona que está en el nivel "sobremesa" estaría en el top de la pirámide.

Otra variación, "Treasure Traders" ("Negociantes de Tesoros") usaban hayazgos extraídos de la gemología, tales como "pulidores", "cortadores", o piedras preciosas tales como "rubis", "zafieros", etc.

Estos esquemas pueden intentar minimizar su naturaleza de pirámide, refiriéndose a sí mismos como "círculos de donación" (donde "el donativo" es dinero). Fraudes populares como el Women Empowering Women y Élite Resurrected hacen exactamente eso. A los nuevos asociados se les dice que la "donación" es una manera de evitar el pago de tasas e impuestos.

Cualquiera que sea el eufemismo usado, existe un total de 15 personas distribuidas en cuatro niveles (1 + 2 + 4 + 8), la persona en el top del esquema es el "comandante", las dos abajo son los "co-pilotos", las cuatro abajo forman la "tripulación" y las ocho inferiores constituyen los "pasajeros".

Cada uno de los ocho pasajeros tienen que pagar (o "donar") una cantidad de por ejemplo (por ejemplo, 1000) pa ra adherirse al esquema. Esta cantidad (en este caso, 8000) va par a el comandante, que sale del esquema, y los niveles por debajo de él suben un escalón. Ahora existen dos nuevos comandantes, de modo que el grupo se divide en dos, cada uno exigiendo ocho nuevos pasajeros. Una persona que se adhiera al esquema como pasajero no obtendrá ningún retorno financiero a menos que salga del esquema como comandante. Esto exige que, por debajo de él, otras 14 personas tengan que ser persuadidas a asociarse. De esta forma, los tres niveles inferiores de la pirámide siempre pierden el dinero invertido cuando el esquema finalmente entra en colapso.

Siendo una pirámide que consiste de niveles con 1, 2, 4, 8, 16, 32 y 64 miembros, sería como vemos a continuación:

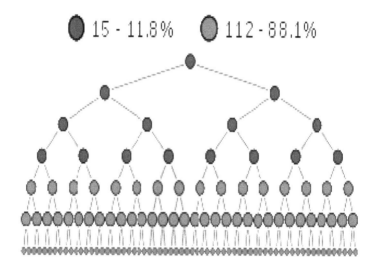

No importa cuan grande es el modelo antes del colapso, aproximadamente el 88% de todas las personas perderán el dinero invertido.

Si el esquema entra en colapso en este punto, solamente aquellos que estén en los niveles con 1, 2, 4 y 8 personas por encima ganarán algo de dinero. Los que estén en los niveles con 16, 32 y 64 personas por encima lo perderán todo. Lo normal es que 112 de los 127 miembros, o sea, que el 88%, perderán todo el dinero invertido.

Las cifras también ocultan lo que hace el tramposo para poder quedarse con la parte del león. Él puede hacer eso simplemente inventando ocupantes para los primeros tres escalones (aquellos con 1, 2 y 4 personas), asegurándose de que los "fantasmas" reciban los primeros 7 pagos en las primeras ocho veces, sin gastarse ni un sólo centavo de su propio bolso. Así, si la tasa "de suscripción" es de 1000, él tramposo recibirá 5 6000, pagados por los primeros 56 inversores. Además de eso, el tramposo promoverá y prolongará el esquema durante todo el tiempo que le sea posible, para poder quitar el máximo dinero a las víctimas antes del colapso final.

En el inicio de 2006, Irlanda fue alcanzada por una oleada de esquemas piramidales, con mayor actividad en Cork y Galway. A los participantes se les solicitada una contribución individual de 20000 para la suscripción al esquema "Liberty", qu e seguía el modelo clásico de los 8 balones. Los pagos eran realizados en Múnich, Alemania, para evitar el cobro de los impuestos irlandeses en lo tocante a las donaciones. Los esquemas derivados, llamados de "Speedball" y "People in Profit" desencadenaron cierto número de incidentes violentos y fueron hechos que llamaron la atención a los políticos, y estos endurecieron la legislación existente sobre este tipo de fraudes. El gobierno irlandés publicó una website para informar a los consumidores sobre los esquemas piramidales y otros fraudes similares.

Esquemas en matriz

Los esquemas en matriz siguen las mismas leyes de progresión geométrica de las pirámides, y están, consecuentemente, abocados al fracaso. Tales esquemas operan como una fila, donde la persona de la punta recibe un bien de consumo (tal como una consola de juegos o una cámara digital) cuando consigue que un número de nuevos participantes se adhieran al final de la fila. Por ejemplo, pueden ser necesarios diez nuevos asociados para que la persona de la punta de la fila reciba su bien de consumo. Cada nuevo asociado deberá comprar algo caro, pero inútil, tal como un ebook, o peor aún, realizar o contratar algún servicio insignificante como copiar y pegar textos o generar anuncios y links gratis, para poder entrar en la fila. El organizador del esquema se lucra porque la renta proporcionada por los nuevos asociados supera en mucho el valor del bien entregado al cabecilla de la fila. El organizador puede ganar aún más creando una lista de falsos asociados, los cuales tendrán que ser "resarcidos" antes de que las personas de verdad, las personas reales, lleguen la punta de la fila. El esquema entra en colapso cuando nadie más desea asociarse. Pero, los esquemas pueden no revelar e, incluso, intentarán exagerar la posición en la fila de un eventual interesado, lo que básicamente significa que el esquema es una loteria. Basándose en eso, algunos países regularon sus leyes para decretar que los esquemas en matriz son ilegales.

Comparaciones con el Marketing Multinivel

El Marketing Multinivel (MLM) funciona reclutando personas para vender, divulgar o consumir un producto. Se recibe una comisión en forma de bonus para quien recluta personas para vender o representar sus productos, como sus "downlines" ("o compañeros de negocio). También pueden exigirle a los nuevos asociados que paguen por el entrenamiento/material de propaganda, o que compren una gran cantidad de los productos del sistema para que pueda venderlos. Una prueba de legalidad utilizada amenudo es verificar si el MLM o empresa en cuestión obtiene por lo menos el 70% de su renta de las ventas al por menor ha clientes que no sean miembros del negocio. En los Estados Unidos , el *Federal Trade Commission* ofrece formación para que los miembros en potencia de MLM puedan identificar aquellos negocios que parecen ser esquemas piramidales.

Hoax

Se le da el nombre de hoax ("engaño" en una traducción literal, o farsa) a las historias falsas recibidas por email, webs para relacionarse, tales como tablones de anuncios o foros y en internet en general, cuyo contenido, además de las conocidas "corrientes", consiste en llamamientos dramáticos de corte sentimental o religioso; difamación de personas y empresas, supuestas campañas filantrópicas, humanitarias, o de socorro personal; o, peor aún, avisos sobre falsos virus cibernéticos que amenazan con infectar su ordenador o con formatear el disco duro de su ordenador.

Aun así, muchas personas se creen algunas de las cosas imposibles de algunos *hoaxes* de los que circulan por internet. Existen *hoaxes* que personas pobres que necesitan una cirugía y de alguna empresa que le pagará una determinada cantidad en centavos por cada email leído.

Este tipo de mensajes tiene como finalidad que la gente menos informada acabe reenviando sus mails a sus conocidos, la finalidad final del hoax es colapsar algunos servidores de correo electrónico. También pueden ser mensajes o posts que supuestamente aportan supuestos testimonios o simplemente polemizan sobre algo en lo que están en contra o que le tengan antipatía a alguna cosa o a alguien.

Este tipo de mensajes también pueden ser utilizados por alguien mal intencionado que, se aprovecha de las direcciones de emails obtenidos por esta vía, para construir una base de datos, para posteriormente venderlos o enviar SPAM. Los Hoaxes comunes son sobre lo del fin del Orkut, que el MSN Hotmail va a ser de pago, como reactivar una copia del Windows, el fin de Internet o del mundo, etc... Esos Hoaxes son creados básicamente para "llamar atención", y su blanco son los usuarios básicos.

Phishing

En el mundo informático, *phishing*, término que procede del inglés (fishing) quiere decir pesca, y es una forma de fraude electrónico, caracterizada por intentos de adquirir datos personales de diversos tipos; contraseñas, datos financieros como el número de las tarjetas de crédito y otros datos personales. El acto consiste en que un defraudador se hace pasar por una persona o empresa de confianza, este le envía una comunicación electrónica oficial. Esto ocurre de varias maneras, principalmente por email, mensajería instantánea, SMS, etc... Como el nombre propone (Phishing), es una tentativa de un defraudador de intentar "pescar" informaciones personales de usuarios desinformados o inexpertos.

Tipos de ataques de Phishing

Un Phishing puede ser realizado de diversas maneras. Las más comunes son:

Ataque al Servidor DNS

El ataque basado en la técnica "DNS cache poisoning", o envenenamento de la caché DNS, que consiste en corromper el DNS (Sistema de nombres de dominio) en una red de ordenadores, haciendo que la URL (localizador uniforme de recursos o dirección www) de una web pase a apuntar hacia un servidor diferente del original. Al introducir la URL (dirección) de la web a la que desea ir, un banco por ejemplo, el servidor DNS convierte la dirección en un número IP, correspondiente al del servidor del banco. Si el servidor DNS es vulnerable a un ataque de Pharming, la dirección podrá apuntar hacia una página falsa hospedada en otro servidor con otra dirección IP, que estará bajo control de un defraudador.

URLs Falsas

Otra manera es la creación de URLs extensas que dificultan la identificación por parte del usuario. Un ejemplo simple puede ser:

secure.nombredesubanco.com/internetbanking/eud=651656JFYDH
JJUHGRedirccto:masalgunacosa.dominiofalso.com, donde el
usuario puede directamente mirar el inicio de la URL y creer que
está en una zona segura de la web de su banco, mientras que en
realidad está en un subdominio del website dominiofalso.com.

Formularios HTML Falsos en Emails

Otra técnica menos frecuente es la utilización de formularios en
emails con formato HTML. Con eso, un usuario incauto puede
incluir directamente en su email las informaciones requeridas por
el defraudador, y con eso, este no necesita preocuparse de hacer
una clonación de la interfaz del banco.

Las búsquedas por esas informaciones sensibles crecen con el
aumento de la posibilidad de realizar las más diversas tareas en el
comfort del hogar. Eso puede llevarle a una gran masa de
internautas una sensación de seguridad que es irreal. Se dice irreal,
ya que una vez que internet se ha convertido en una tendencia
globalizada, no se esperaba menos, de que también existan
criminales "globales".

Aprovechándose de la desatención de ciertos usuarios, los
individuos maliciosos desarrollan y ponen en práctica métodos
cada vez más sofisticados para cometer acciones ilícitas. Algunos
de estos métodos, destacan por su eficacia y su rendimiento, y de
entre estos, podemos citar, ciertamente, el ataque de Phishing
Scam.

Un breve histórico

El término *Phishing* es relativamente nuevo, y su creación data
de a mediados de 1996, cuando los crackers que practicaban el
robo de cuentas de la America Online (AOL), defraudaban
contraseñas de usuarios. Su primera mención pública ocurrió en el
grupo blackhat alt.2600, el 28 de Enero del mismo año de su
creación, hecha por el usuario mk590, que decía:

"Lo que sucede es que antiguamente, se podía hacer una cuenta falsa en la AOL, una vez que se tuviera un generador de tarjetas de crédito. Sin embargo, la AOL fue espabilada. Ahora, después de introducir los datos de la tarjeta, se hace una verificación con el respectivo banco. ¿Alguien más conoce otra manera de adquirir una cuenta que no sea a través de Phishing?. "

Sólo un año después, en 1997, el término fue citado en los medios. Este mismo año, los phishs (cuentas hackeadas) ya eran utilizadas como moneda en el mundo hacker, y se podía fácilmente intercambiar 10 phishs de la AOL por una parte de un software malicioso. El Phishing, antiguamente utilizado para robar cuentas de usuarios de la America Online, actualmente tiene aplicaciones muy grandes y oscuras, como por ejemplo, el robo de dinero de cuentas bancarias.

Tipos de correos electrónicos utilizados

Email

Un estafador envía emails falsos utilizando la identidad de entidades populares consideradas de confianza, tales como webs de entretenimiento, bancos, financieras de tarjetas de créditos, tiendas, órganos gubernamentales, etc. Normalmente, los mensajes son enviados a millones de direcciones de email que fueron previamente recolectados en internet. La entrega de los emails, normalmente, se realiza mediante ordenadores que están bajo el control de personas mal intencionadas e incluyen principalmente servidores de email mal configurados y ordenadores con link de banda ancha infectados con troyanos desarrollados con el propósito de permitir el envío de emails masivos.

Spear Phishing

Spear Phishing se traduce como un ataque de Phishing altamento thecalizado. Es un tipo de ataque que exige toda una etapa de minuciosa investigación por parte de los atacantes, además de mucha paciencia. Correlacionando al nombre

"Phishing", su denominación puede ser entendida como algo parecido a la "pesca con arpón". En este tipo de ataque, el atacante establece su blanco (normalmente una empresa o departamento de esta, pudiendo incluir algunas universidades, instituciones gubernamentales, etc). Luego enseguida, se inicia la etapa en la cual el phisher sondea las informaciones básicas de los diferentes operarios. Aquí, se explora un gran fallo humano: La incapacidad de evaluar correctamente la sensibilidad de una información. Mientras, esta información puede no significar mucho, en su conjunto, si esta es utilizada inteligentemente por el atacante, puede garantizarse el conocimiento suficiente para asimilar la identidad de alguien con más poder en la empresa.

Fraude 419

Creado por estudiantes universitarios a mediados de 1980, cuando la economía petrolífera de Nigeria estaba en crisis, su finalidad era manipular a los individuos interesados en el petróleo nigeriano. Eran inicialmente distribuidos por cartas o fax, pero con la popularización del email, este pasó a ser el medio más utilizado. En realidad, hay registros de que el fraude ya existía previamente, de incluso antes de 1588, cuando se redactaban cartas supuestamente provenientes de los prisioneros de los castillos españoles, que prometían compartir un tesoro con aquel que les enviara dinero para sobornar a los guardias. Su nombre viene de la sección 419 del código penal nigeriano, que tipifica las actividades fraudulentas. El email provenía de individuos que decían ser del Banco Central de Nigeria o del Gobierno de este mismo país. Sin embargo el fraude 419 no se resume en meramente un único email. Además de eso, existía un verdadro juego, en el cual el riesgo y las reglas dependían de las capacidades de persuasión del atacante. Tenemos que definir que en este caso, el "atacante" deberá ser interpretado como un verdadro equipo de criminales profesionales, que ejecutan minuciosamente sus planes.

iPhishing

El iPhishing es la vertiente que tiene como objetivo explorar las vulnerabilidades derivadas de los avance excesivamente rápidos de la tecnología, que acaba dejando los aspectos de seguridad en segundo plano, dando prioridad a la funcionalidad y al diseño. El ataque puede ocurrir de varias maneras, pero podemos citar el envenenamento de DNS como ejemplo. Un servidor DNS, o Domain Name System (Sistema de Nombres y Dominios) tiene como función traducir los nombres a IP's e IP's a nombres. Un envenenamento de DNS hace que los usuarios sean redireccionados hacia webs diferentes de aquellas a las que deseaban acceder. Debido a la limitación de espacio en la pantalla de algunos ordenadores portátiles y de otros dispositivos como el iPhone o los smartphones, los usuarios no conseguen ver toda la URL de las páginas que visitan, haciendo que navegación por las páginas web en estos dispositivos sean más vulnerables a este tipoo de ataques.

Vishing Scam

Como bien se sabe, el advenimiento de las nuevas tecnologías normalmente trae consigo la posibilidad de ser explorada por la naturaleza humana para ser utilizada con una finalidad maléfica. La VoIP (Voice over IP), tecnología desarrollada para habilitar la comunicación telefónica a través de la red basándose en el Protocolo de Internet (IP), no fue la excepción a la regla. Una vez que se presentaron sus diversas ventajas sobre la telefonía convencional, como el hecho de ser una tecnología de bajo coste, y, añadiéndo la posibilidad de enmascarar el número de teléfono que será identificado por el receptor, la VoIP fue vista como una excelente "oportunidad" para algunos individuos maliciosos, que, percibiéndola, crearon una nueva vertiente basada en el Phishing tradicional: El Vishing. Los ataques de Vishing son normalmente propagados a través de mensajes de texto (SMS), emails o incluso mensajes de voz, y su procedimiento se asemeja en mucho al del Phishing tradicional. Un estafador envía mensajes SMS falsos fingiendo ser una institución de confianza. Estos mensajes solicitan normalmente respuestas con datos confidenciales tales como la tarjeta de crédito y sus contraseñas, o incluso que la persona redireccione el link hacia otro número y hable con un ayudante del estafador. Las justificaciones dadas para efectuarse el link varían, pero de entre las más comunes de ellas podemos citar, por ejemplo, "debido a la ocurrencia de posibles actividades fraudulentas en su cuenta bancaria nos hemos visto obligados a suspender la misma, para activarla, envíenos su número de tarjeta de crédito y su contraseña para poder verificar su identidad".

Por Mensajería Instantánea

Como una de las principales formas de comunicación en el mundo actual, es la mensajería instantánea, que no está lejos de estar exenta de los peligros del Phishing. En realidad, se puede decir que es uno de los terrenos más fértiles para la proliferación de este ataque, debido a algunos factores, que citaremos a continuación. El primero de estos factores es el tipo de comunicación que normalmente se establece en la mensajería instantánea. Es una comunicación más informal, entre individuos que normalmente se conocen o que son incluso grandes amigos. Todo este ambiente "familiar" trae una mayor sensación de seguridad, haciendo que reduzcamos nuestros cuidados y seamos más vulnerables, incluso porque en muchas ocasiones el remitente del mensaje es un amigo de confianza, pero, que está infectado por un malware que está distribuyendo el mensaje a través de su red de contactos. En segundo lugar, podemos citar la velocidad (en tiempo real) y la gran cantidad de conversaciones establecidas simultáneamente. Estando el usuario perdido en tantas conversaciones, en las cuales el cambio de URL's es común y constante, una URL maliciosa tiene más oportunidades de pasar desapercibida. Además de eso, el mayor porcentaje de usuarios que sufren este tipo de software engloba en general a niños y adolescentes, que muchas veces no poseen la capacidad de discernir entre los mensajes auténticos y maliciosos, logrando así acceder a portales maliciosos y/o efectuar el download de malwares sin darse cuenta de lo que está ocurriendo. Este hecho se agrava si el ordenador es compartido con otras personas que usan el ordenador para realizar transacciones bancarias (o acciones del peso equivalente) su mismo ordenador, puede estar infectado con keyloggers y usted ni se ha dado cuenta. Los factores humanos se suman a la peligrosidad del ataque de Phishing, haciendo de este factor posiblemente que sea más amenazador que los emails.

Webs de Relaciones

Así como en el caso de la mensajería instantánea, las webs de relaciones son, por así decirlo, ambientes virtuales más distendidos que, por ejemplo, tiene una bandeja emails, y nuevamente está en un entorno en el que el usuario suele bajar la cautela. No se asemeja sólo en este punto: Además de esto, en la mayoría de las ocasiones el remitente del mensaje es algún amigo de confianza, posiblemente infectado por algún malware. Al tratarse de una red donde circulan fotografías, informaciones de la vida privada, y donde se establecen paralelos con el mundo real, estos son los puntos que los phishers exploran. Las posibilidades son inagotables: los atacantes roban una foto comprometida y la propagan por la red, por alguna comunidad de usuarios, difamándola, o también propagando algún vídeo personal inapropiado, de entre otros casos. Las webs de relaciones son un terreno fértil para los phishings, ya que en las páginas donde se guardan los mensajes, además de la diseminación de los links suelen ser normales, con acceso público (si no fueran definidos como privados), y dan la posibilidad de fisgar a otros usuarios que navegan por la red. Debido a la desenfrenada inclusión digital, tenemos en estos tiempos, todavía, a muchos usuarios laicos tecnológicamente hablando, completamente vulnerables, probablemente serán fácilmente fraudados.

¿Como tutéan esas personas?

Los Phishers adoptan diversos vectores para distribuir sus ataques, abarcando desde el envío masivo de mensajes más conocido como Spam, hasta ataques altamento thecalizados, más conocidos como Spear Phishing. De cualquier modo, los ataques tienen un nivel razonablemente alto de éxito, sobrepasando el 5%, según Anti-Phishing Working Group.

Etapas del proceso tradicional

1) Fase de planificación (Fase inicial): En esta fase, el atacante escoge su blanco, define el objetivo del ataque, define de que artimañas se va a valer y que método va a utilizar.

2) Fase de preparación: En esta fase, se elabora todo el material que será utilizado, como los emails, los websites falsos, entre otros materiales y medios. Se obtiene toda la información posible sobre el blanco, prepara toda la parte electrónica que será utilizada en el ataque y, en el caso de los atacantes más expertos, elevar su nivel de ocultación.

3) Fase de ataque: En la fase de ataque, el atacante utiliza la vía por la cual optó en la fase de planificación. El ataque puede ocurrir:

- Vía email;
- Vía website;
- Vía mensajería instantánea;
- Vía VoIP;
- Vía malware;

4) Fase de recolecta: En esta fase, el atacante recolecta los datos obtenidos con el ataque. Los datos insertados en las páginas web previamente preparadas para el ataque, en respuesta a los mensajes enviados mediante el SPAM o capturados por malwares.

5) Fase del fraude: Fase donde ocurre el fraude propiamente dicho. En esta fase, hay robo de dinero, de informaciones sensibles, apropiación de la identidad ajena para cometer otros delitos,vender las informaciones a quienes tengan interés o utilizar la información en un segundo ataque en búsqueda del objetivo definido en la fase inicial.

6) Fase post-ataque: En esta fase sucede el desligamento de las máquinas utilizadas, y la destrucción de las evidencias. Hay que hacer la evaluación de la efectividad y posiblemente el lavado del dinero adquirido (en el caso de que el atacante hubiera logrado robar dinero).

Tipos de Robos

Robo de identidad

Una técnica popular es el robo de identidad vía email. Los estafadores envían emails intentando persuadir los receptores para que estos les suministren sus datos personales más sensibles, tales como nombre completo, dirección, nombre de la madre, número de la seguridad social, tarjetas de crédito, números de cuenta bancaria, entre otros. Si han sido captados, esos datos pueden ser usados para obtener ventajas financieras ilícitas. La identidad usada en esos mensajes, normalmente, es de órganos gubernamentales, bancos y financieras de tarjetas de créditos. En el cuerpo del mensaje, normalmente, existen los links que apuntan hacia los hospedajes web falsos, normalmente muy parecidos a las páginas web verdadras, donde existen formularios que la víctima deberá de rellenar con las informaciones solicitadas. El contenido rellenado en el formulário es enviado al estafador.

Robo de informaciones bancarias

La forma de persuasión es semejante a la del robo de identidad, sin embargo el mensaje recibido contiene conexiones que apuntan hacia las webs que contienen programas de ordenador que, si son instalados, pueden permitir la captura de informaciones, principalmente números de cuenta y contraseñas bancarias. La instalación de esos programas es, en la mayoría absoluta de los casos, realizada manualmente por el usuario. Técnicamente, puede existir la posibilidad de que la instalación de esos programas se haya realizado de forma automática, pero eso depende de una combinación de muchos factores, que raramente suceden (y que no merece la pena ser explicada aquí). El phishing vía email no viene sólo con el nombre de entidades famosas. Son usados diversos tipos de asuntos con la intuición de llamar la atención o de despertar la curiosidad y hacer que el receptor del mensaje haga clic en el link contenido junto al cuerpo del email. Un mensaje de una supuesta admiradora secreta que le envía supuestas fotos suyas. En realidad, el link no contiene fotos, pero sí un archivo ejecutable, que al ser bajado y ejecutado instala un caballo de troya (troyano) bancario en el ordenador del usuario. Otro tema muy común son las tarjetas virtuales. Estas son un buen señuelo, visto que es común que las personas intercambien tarjetas virtuales vía email. Las supuestas tarjetas virtuales, normalmente, tienen su identidad asociada a la de alguna página web popular de tarjetas virtuales. Eso le ayuda en la tentativa de legitimar el fraude e intenta dar más credibilidad a la farsa. El mensaje tiene el mismo formato y, normalmente, utiliza las imágenes originales de las páginas web de tarjetas virtuales. Un detalle en que el usuario debe prestar la atención son los errores de gramática que normalmente contienen esos mensajes, las grandes empresas, muy pero que muy ocasionalmente, cometen ese tipo de errores. Otro detalle fundamental es que al hacer clic en los links contenidos en esos mensajes casi siempre es abierta una ventana para descargar algún archivo. Actualmente ningún banco tiene permitido ni solicitarle información bancaria vía mail ni utilizar ningún tipo de software para gestionar su cuenta bancaria de uso cotidiano.

Consejos para protegerse

Algunos cuidados antes de leer los emails

Verifique el remitente del email

Desconfíe de los emails que no tengan un remitente conocido. Al recibir email de personas desconocidas duplique el cuidado en relación a los mensajes. Principalmente, piénselo dos veces antes de hacer clic en cualquier link del contenido del mensaje. No crea en ofertas milagrosas (del estilo "adelgaza rápido y sin pasar hambre").

Tenga cuidado también con los emails de un remitente conocido. Si el contenido del email contiene archivos, links hacia otras páginas o imágenes, verifique con el remitente la autenticidad del mensaje. Los atacantes pueden falsificar fácilmente la identidad de un remitente o de alguna institución de confianza.

No baje y ni ejecute archivos no solicitados

Los caballos de troya y otros programas que capturan contraseñas son "no solicitados". Si alguien conocido le envía un archivo que usted no le ha pedido, verifique con la persona si esta realmente le envió el archivo, y pregúntele por el contenido de este. Evite, al máximo, ejecutar programas. Los programas que tienen el nombre del archivo terminado en alguna de esas extensiones: .exe, .scr, .pif, .cmd, .con, .cpl, .bat, entre otras, pueden ser, en la mayoría de los casos, aplicaciones maliciosas.

Tópicos de seguridad en internet

Certifique que tiene un antivirus actualizado en su ordenador

Los programas antivirus pueden ayudarle filtrando las posibles amenazas que vienen por email. Sin embargo, recuerde que usted es la primera línea de defensa. El programa antivirus es la segunda línea. Los programas antivirus usan firmas determinísticas para detectar programas maliciosos. Las empresas de antivirus necesitan primero recibir un ejemplar del virus antes de proveer de una firma y detectarlo. Normalmente, la frecuencia media de detección de los virus capturadores de contraseñas bancarias es más pequeña del que 90%, independientemente de la empresa que los suministra. O sea, aún teniendo un antivirus actualizado no está garantizado que el archivo será identificado y bloqueado. Pero un antivirus actualizado aumenta las oportunidades de detección de esos programas.

Certifique que su Windows esté actualizado

Ese tópico no está exactamente relacionado al phishing o a los mensajes recibidos por email, pero es un elemento importante de seguridad en general en internet. Estar con las actualizaciones automáticas habilitadas en Windows le ayudará a corregir los posibles fallos de seguridad que puedan existir, haciendo el ordenador menos vulnerable a ataques. Principalmente, puede evitar la instalación de programas spyware y adware, entre otros.

Certifique que tiene un firewall habilitado

Este es un elemento no relacionado directamente al phishing, pero si a la seguridad en general. Tener un firewall instalado y habilitado bloquea algunas tentativas de acceso externo a nuestro ordenador, haciendo que seamos menos vulnerables a los posibles ataques externos.

Spam

El término *spam* puede significar Sending and Posting Advertisement in Mass, o "enviar y postear publicidad de forma masiva", o también: **S**tupid **P**ointless **La nnoying M**essages que significa mensaje rídiculo, sin propósito, e irritante. Sin embargo, existen diversas versiones acerca del origen de la palabra *spam*. La versión más aceptada, y endosada por la RFC 2635, afirma que el término se originó de la marca SPAM, un tipo de carne de cerdo enlatada de la Hormel Foodes Corporation, y fue asociado al envío de mensajes no solicitados debido a un cuadro del grupo de humoristas ingleses Monty Python.

- En su forma más popular, el *spam* consiste en un mensaje de correo electrónico con fines publicitarios. El término *spam*, sin embargo, puede ser aplicado a los mensajes no solicitados que nos envían algunos medios y a otro tipo de emails que son bastante molestos.

Introducción

Simultáneamente durante el desarrollo y la popularización de internet, ocurrió el crecimiento de un fenómeno que, desde su surgimento, se hizo como uno de los principales problemas de la comunicación electrónica en general: El envío masivo de mensajes no-solicitados. A ese fenómeno se le denominó **spamming**, a los mensajes en sí como **spam** y a sus autores como *spammers*.

A pesar de la existencia de mensajes no-electrónicos que pueden ser comparados al spam , como por ejemplo los folletos promocionales no-solicitados, el término está reservado sólamente a los medios electrónicos debido a las motivaciones que los hacen mucho más propicios al crecimiento del fenómeno que los otros medios.

Algunos países aprobaron una legislación para regular la práctica del envío de mensajes publicitarios no solicitados, pero su eficacia es discutible. A pesar de eso, las diversas entidades gubernamentales, comerciales e independientes declaran que el *spam* es uno de los mayores problemas actuales de la comunicación electrónica.

En Brasil por ejemplo, aún no es crimen enviar spam, pero esta práctica está siendo actualmente discutida en el Senado. Aúnque su prohibición aún no es oficial, su práctica acaba siendo autorreglamentada, ya que el spammer está mal visto, su producto o empresa será desacreditada, su proveedor de dominio o de IP puede ser incluido en las listas de bloqueo de los administradores de red. Por este motivo casi siempre el spam está ligado a las prácticas criminales o la ingenuidad del emprendedor.

En Portuga, por ejemplo l la Directiva n.º 2002/58/CE, del Parlamento y del Consejo Europeo, fue transpuesta por la ley nacional por el Decreto/Ley n.º 7/2004 de 7 de Enero, a través de su Capítulo IV que regula las *Comunicaciones publicitarias en la red y el marketing directo*. El artículo 22.º determina que "el envío de mensajes para fines de marketing directo", expresamente por correo electrónico, "tiene que tener el consentimiento previo del destinatario". El consentimiento previo sólo es exigido si el destinatario no es una persona colectiva. La violación de esta ley se sanciona con una multa de 2.500 a 50.000, más un tercio de gravamen si el acto es cometido por persona colectiva.

Los raros casos de prisión o citación de spammers son los provenientes del crimen cometido con el mailing y no del envío del spam en sí. Varios ejemplos: enviar spam haciéndose pasar por otra persona o empresa, enviar spam con programas maliciosos, destinados a invadir sistemas o capturar contraseñas. En estos casos la prisión se dió por el crimen cometido y no por el spam (que aún no es considerado un crimen).

Esta ley suministra una visión general del *spam*, abordando características que son independientes del tipo o del medio de envío, excepto cuando está especificado.

Medios de envío.

Correo electrónico

El correo electrónico es la forma más común y conocida de spamming. Los *Spammers* de ese medio utilizan, frecuentemente, programas que facilitan o automatizan la obtención de direcciones y el envío a un gran número de destinatarios.

Existen diversos métodos diferentes por los que un *spammer* obtiene una lista de direcciones. Uno de los procedimientos más comunes es utilizar programas de interpretación de textos que ejecutan barridos en ambientes con un número potencialmente grande de direcciones disponibles, como páginas de internet, mensajes de la red Usenet y registros de Domain Name Services (DNS). Otro método, conocido como "ataque de diccionario", consiste en construir una lista de direcciones basada en nombres y palabras muy comunes.

Aún cuando el *spammer* no tiene acceso a esos programas, existen una gran variedad de webs en internet que ofrecen listas de email a la venta. La compraventa de esas listas de contactos también constituyen una práctica de Spam. Además de juntar muchos emails inválidos, la gran parte de los emails válidos son de contactos de personas que no dieron su consentimiento para recibir mensajes.

Teléfono Móvil

El *Mobile phone spam* está dirigido al servicio de mensajes de texto de un teléfono móvil. Eso puede ser especialmente irritante para los clientes, no sólo por la inconveniencia, sino también a causa de la tarifa que puede que le cargue en la cuenta del destinatario por cada mensaje de texto. El término "SpaSMS" es usado para describir el SMS spam.

Mensajería Instantánea

El SPAM a través de la Mensajería Instantánea hace uso de los sistemas de mensajería instantánea. Aunque son menos frecuentes que sus contrapadres del email, se calcula que aproximadamente 8.500 millones de spams se envían cada año a través de la mensajería instantánea, siendo esta una cifra que va creciendo exponencialmente año tras año. Los mensajes instantáneos tienden a no ser bloqueadas por los firewalls, y es un canal especialmente útil para los *spammers*. Esto es muy común en varios sistemas de mensajería instantánea como el Skype.

Grupos de Noticias y foros

Newsgroup spam es un tipo de spam donde los blancos son los grupos de noticias de Usenet. El spam a través de los grupos de noticias de Usenet en realidad provienen de antes del spam por email. La Usenet Convention define como "spam" el exceso de posts múltiples, o sea, las repeticiones de un mismo mensaje (o mensajes substancialmente similares). La predominio del spam por Usenet llevó al desarrollo del Índice Breidbart como una medida objetiva de nivel "de spam" de un mensaje.

El spam en los foros es la creación de mensajes que son propagandas indeseadas o no-solicitados en los foros en internet. Normalmente es realizado por spam-bots, o sea, automatizado. La mayoría de los spams en los foros están compuesto por links hacia webs externas, con el doble objetivo de aumentar la visibilidad en los mecanismos de búsquedas en áreas altamente competitivas, como la pérdida de peso, productos farmacéuticos, juegos, pornografia, inmuebles o préstamos, y generar más tráfico hacia esas webs comerciales. Algunos de estos links contienen código para rastrear la identidad del spambot, si la venta se concreta, es cuando el spammer que está detrás del spambot gana su comisión.

Mensajes de Juegos online

Muchos juegos online permiten a los jugadores entrar en contacto a través de mensajes de jugador a jugador, en salas de chat, o en áreas de discusión pública. Lo que califica los mensajes como spam varía de un juego a otro juego, pero normalmente este término se aplica a todas las formas de "flooding", es decir, repetir posts de un mismo mensaje (o mensajes substancialmente similares), violando los términos del contrato de los servicios de la web. Es particularmente común en los MMORPGs, donde los *spammers* intentan vender elementos relacionados al juego para conseguir dinero real. Entre esos elementos está principalmente la moneda del juego. Este tipo de spam también es llamado Real World Trading (RWT). En el popular MMORPG Runescape, son comunes los spammers que anuncian webs que venden oro con varios métodos de spam. Estos envían spam a través del sistema de mensajes in-game privado, a través de motes para llamar la atención y gritando públicamente a todos en el área de juego.

Blog, wiki y libro de visitas

Blog spams, o "blams" para acortar, son los spams en los blogs. En 2003, ese tipo de spam aprovechó la naturaleza abierta de los comentarios en el software de blogging Movable Type para postear repetidamente comentarios, donde simplemente se mostraba un link hacia la web comercial del *spammer*, en las diversas materias de los blogs. Ataques semejantes son frecuentemente realizados contra las wikis y los libros de visitas, ya que ambos aceptan contribuciones de los usuarios.

Redes Sociales

Dentro del concepto puro de SPAM, cual sea, mensaje electrónico no-solicitado enviado masivamente, podemos afirmar que los SPAMs del tipo propaganda han sido servidos en las principales redes sociales. Esa afirmatición viene debido al hecho de que el usuario no ha solicitado que, en su página personal, dentro de la red social, fueran publicados mensajes con un layout semejante al de los mensajes que son realmente personales, pero con contenido estrictamente publicitario.

Tipos

Rumores (*hoaxes*)

El término hoax está asociado a las historias falsas, son escritos con la intuición de llamar la atención o seducir a aquellos que la leen para que divulguen la historia más rápidamente y hacia el mayor número de personas posible. Normalmente se tratan de personas que necesitan urgentemente de algún tipo de ayuda, alertas sobre algún tipo de amenaza o peligro, difamación de marcas y empresas u ofertas falsas de productos gratuitos. Aquellas que relatan historias cuyos personajes, época o localización son desconocidos. Son historias conocidas como "leyendas urbanas".

Un ejemplo muy conocido de hoax que fue enviado por *spammers* brasileños menciona un libro de geografía usado en los colegios norteamericanos que trae un mapa donde la Amazonía es considerada territorio internacional:

Todos nosotros ya hemos oído hablar de que los americanos quieren transformar la Amazonía en un parque mundial con la tutela de la ONU, y que los libros escolares americanos ya citan la Amazonía como el bosque mundial.

Así llegó a las manos de un amigo el libro didáctico "Introduction to the geography" del autor David Norman, libro ampliamente difundido en las escuelas públicas americanas para la Junior High School (correspondiente a nuestra sexta serie del 1°grado).

Mirad lo anexiono y comprueben lo que consta en la página 76 de este libro y ved que los americanos ya consideran a Amazonia una área que no es territorio brasileño, una área que roba territorio de ocho países de América del Sur y encima con un texto de carácter esencialmente pretencioso.

Vamos a divulgar esto al mayor número de personas posible con el fin de poder hacer alguna cosa ante a ese absurdo...

Corrientes (*chain letters*)

Los mensajes de esta categoría prometen suerte, riqueza o algún otro tipo de beneficio a aquellos que la reenvíen a un número mínimo de personas en un tiempo predeterminado; garantizando, por otro lado, que aquellos que interrumpan la corriente, dejando de reenviar el mensaje, sufrirán muchas desdichas y desgracias personales. Con ese mecanismo, estas tienen la capacidad de alcanzar un número exponencial de personas en un corto periodo de tiempo.

Propaganda

Divulgan desde productos y servicios hasta propaganda política. Este tipo de spam es uno de los más comunes y uno de los más antiguos ya registrados.

Aunque existan mensajes comerciales legítimos, enviados por empresas licenciadas y conocidas, se nota que no es raro que el producto o servicio ofrecido en el mensaje haya alguna característica ilegal y el *spammer* y la empresa sean desconocidos para el público o completamente anónimos.

Entre otros, un *spam* publicitario suele presentar medicamentos sin prescrición, software pirata o ilegal, diplomas universitarios, oportunidades de enriquecimiento rápido, casinos y otros esquemas de apuestas, productos eróticos y páginas pornográficas. Uno de los ejemplos más conocidos del público es el *spam* que ofrece el medicamento Viagra a bajo coste.

Hello!

We would like to the offer V_I_A_G_R_A soft tabs,

These pills are just like regule Viagra but they are specially formulated to the be soft and dissolvable under the tongue. The pill is absorbed at the mouth and enters the bloodestream directly instead of going through the stomach.

This results in la faster live powerful effect which lasts las long las the normal.

Soft Tabs also have less sidebacks (you can drive or mix alcohol drinks with them).

You   can   get   it   at: http://xxx.xxx.xxx

Thanks: http://xxx.xxx.xxx

Fraudes (*scam*)

Se tratan de oportunidades engañosas y de ofertas de productos que prometen falsos resultados. Entre las ofertas más comunes están las oportunidades milagrosas de negocios o de empleo, propuestas para trabajar en casa y facilidades para préstamos. Todos pueden ser encontrados en una lista elaborada por la Federal *Trade Commission* desde 1998 que reúne 12 tipos comunes de fraudes y fraudes relacionados con el spam en los Estados Unidos.

Uno de los fraudes más conocidos de internet, es el que ya hemos comentado anteriormente, que es el mensaje cuyo remitente alega ser un nigeriano que, debido a razones políticas o personales, está dispuesto a transferir una gran cantidad de dinero al destinatario con tal que este pague una tarifa como garantía. Este *spam* es conocido como "419" debido al número del código criminal nigeriano al cual el caso se aplica.

"FEDERAL MINISTRY OF WORKS AND HOUSING FEDERAL SECRETARIAT - COMPLEX, IKOYI, LAGOS.

ATTN: SIR/MADAM.

SIR,

THIS LETTER MIGHT COME Las La SURPRISE To the YOU
ESPECIALLY SINCE WE HAVE NEVER MET OR DISCUSS
BEFORE. BASICALLY, THE MESSAGE MIGHT SOUND
STRANGE BUT IT IS FACTUAL IN REALITY IF ONLY YOU
CARE   TO   THE
KNOW.

THE TRUTH IS THAT I SHOULD HAVE NOTIFIED YOU FIRST
THROUGH A LIVE CONFIDENTIAL MEANS, (EVEN IF IT'S AT
LEAST To the RESPECT YOUR INTEGRITY) PLEASE ACCEPT
MY HUMBLE APOLOGIES IF I HAD CAUGHT YOU
UNAWARES, I FRANKLY DEL NOT MEAN ANY HARM IN
PASSING   MY   GOODWILL   MESSAGE.

WE ARE MEMBERS OF THE SPECIAL COMMITTEE SEA
BUDGET AND PLANNING OF THE FEDERAL MINISTRY OF
WORKS AND HOUSING. THIS COMMITTEE IS PRINCIPALLY
CONCERNED WITH CONTRACT APPRALESAL AND THE
APPROVAL OF CONTRACT IN ORDER OF PRIORITIES Las
REGARDES   CAPITAL   PROJECTS   OF   THE   FEDERAL
GOVERNMENT OF NIGERIA WITH OUR POSITIONS WE HAVE
SUCCESSFULLY SECURED SEA OURSELVES THE SUM OF
FIFTEEN MILLION FIVE HUNDRED THOUSAND DOLLARS
(15.5M) THE AMOUNT WAS ACCUMULATED FROM THE
OVER   INVOICE.

HENCE, TOGETHER WITH SUME OF THE TOP OFFICIALS
OF THE F.M.W.H AND THE FEDERAL MINISTRY OF
FINANCE. WE PLAN To the TRANSFER THIS AMOUNT OF
MONEY FIFTEEN MILLION FIVE HUNDRED THOUSAND
DOLLAR (US\$15.5M) INTO AN OVERSEAS ACCOUNT BY
AWARDING A NON EXISTING CONTRACT FROM MY
MINISTRY (FMWH).

To the THIS EFFECT I DECIDED TO THE CONTACT YOU AND
ASK SEA YOUR ASSISTANCE. WHAT WE NEED FROM YOU
SIR, IS TO THE PROVIDE La VERY VITAL ACCOUNT IN
WHICH THE FUNDES WILL BE TRANSFERRED.

MY COLLEAGUES AND I HAVE AGREED To the COMPENSATE THE OWNER OF THE ACCOUNT USED SEA THIS TRANSACTION WITH 20% OF THE TOTAL AMOUNT REMITTED. WE SHALL KEEP 75% AND REMAINING 5% RESERVED SEA TAXESAND OTHER MISCELLANEOUS EXPENSES.

IT MAY INTEREST YOU To the KNOW THAT LAST TWO YEARS La SIMILAR TRANSACTION WAS CARRIED WITH ONE MR. PATRICE MILLER, THE PRESIDENT OF CRAINE INTERNATIONAL TRADING CORPORATION AT NUMBER 135 EAST 57' STREET, 28TH FLOOR, NEW YORK 10022 WITH TELEPHONE NUMBER (212) 308-7788 AND TELEX NUMBER 6731689.

AFTER THE AGREEMENT BETWEEN BOTH PARTNERS IN WHICH HE WAS TO THE TAKE 10% OF THE MONEY WHILE THE REMAINING 90% SEA US. WITH ALL THE REQUIRED DOCUMENT SIGNED THE MONEY WAS DULY TRANSFERRED INTO HIS ACCOUNT ONLY To the BE DISSAPPOINTED ON OUR ARRIVAL IN NEW YORK AND WE WERE RELIABLY INFORMED THAT MR. PATRICE MILLER WAS EN El LONGER ON THAT ADDRESS WHILE HIS TELEPHONE AND TELEX NUMBERS HAVE BEEN RE-ALLOCATED To the SOMEBODY ELSE. THAT IS HOW WE LOST 10 To the MR PATRICE MILLER.

FINALLY, THE CONFIDENCE AND TRUST REPOSED ON YOU CANNOT BE OVER EMPHASISED.
THEREFORE, YOU ARE To the KEEP THIS DEAL To the YOURSELF CONFIDENTIALLY. MEN INVOLVED ARE MEN IN GOVERNMENT.

CONTACT ME URGENTLY THROUGH THE ABOVE Email WITH YOUR DETAIL INFORMATION.

YOURS   FAITHFULLY,

También pueden recibir esta clasificación los mensajes que invitan a los lectores a participar de un esquema piramidal que le prometen multiplicar rápidamente el dinero de sus inversores. Ese esquema, que consiste en el pago de una cantidad a la persona de quien se recibió la invitación para tener el derecho a invitar a otras personas y de recibir de cada una de ellas la misma cantidad pagada, se agota rápidamente, debido a su carácter exponencial, beneficiando sólo los primeros que participan en la "pirámide" en detrimento de los demás.

Robo (*phishing*)

Son mensajes que asumen el disfraz de spam comercial o cuyos títulos simulan ser mensajes comunes, como comunicados transmitidos dentro de una organización o de mensajes personales de personas conocidas.

Tal disfraz tiene como objetivo llegar al destinatario, solicitándole que envíe datos confidenciales (rellenando un formulario, por ejemplo) hacia alguna dirección electrónica o que se dé de alta en una página de internet que en realidad es una copia de otra página. En la mayoría de los casos, esas trampas son creadas para obtener informaciones personales y contraseñas para que puedan ser usadas en algún tipo de fraude o para realizar transferencias bancarias y compras por internet.

Programas maliciosos

De forma semejante al *spam* de robo, este tipo se presenta bajo el disfraz e induce al destinatario a ejecutar un programa de ordenador malicioso enviado junto al mensaje (que induce al error). De entre los programas normalmente enviados de esta forma están principalmento thes virus, los *gusanos* y los *troyanos*.

Virus

Los virus son programas capaces de alcanzar archivos y programas de un ordenador que haya sido "infectado" a través de su ejecución. Como en cada uno de estos es insertada una nueva copia, esos archivos o programas pasan a transmitir el virus también. Aunque existan virus cuya única finalidad es perturbar al usuario del ordenador, la mayoría de ellos actúan destructivamente, corrompiendo o eliminando archivos y desconfigurando el sistema.

Gusanos

Los *Gusanos* también son programas que se replican e intentan alcanzar a otros ordenadores, pero a diferencia de los virus, no necesitan un archivo para poder transportarse. Uno de los más conocidos fue el Sasser, cuyo blanco eran ordenadores que se ejecutaban con los sistemas Windows XP y Windows 2000.

Caballos de Troya

Los *troyanos*, o "caballos de Troya", son programas que desactivan las medidas de seguridad comunes de un ordenador en la red, permitiendo que un programa que está siendo ejecutado en otro ordenador adquiera privilegios y pueda, por ejemplo, copiar, modificar y eliminar los archivos y registros del ordenador en el que el *troyano* está instalado. Existen caballos de Troya que inclusive fuerzan al ordenador alcanzado a enviar el *spam* hacia otras direcciones.

Ofensivos

Divulgan contenido agresivo y violento, como por ejemplo las acusaciones infundadas contra individuos específicos, ladefensa de ideologías extremistas, la apología a la violencia contra minorías, el racismo, la xenofobia y el abuso sexual de menores.

Motivación

La principal motivación para la práctica del *spamming* es el bajo coste asociado al envío de mensajes electrónicos. En diferencia con los medios como el correo tradicional y el teléfono, los medios electrónicos como internet permiten el envío de una gran cantidad de mensajes a un coste próximo a cero.

Como consecuencia, cualquier *spammer* es capaz de enviar miles de mensajes y, aunque sus objetivos sean alcanzados solamente en relación a una pequeña parcela de los destinatarios, la relación coste-beneficio es beneficiosa. Algunas investigaciones indican que solamente 0,005% de los destinatarios responden de la manera que el *spammer* desea, pero cuando se compara con la cantidad masiva de mensajes enviados, esa parcela puede ser significativa.

Además del bajo coste, la comunicación electrónica también suministra al *spammer* la ventaja de la automatización: la mayor parte del *spam* es realizado a través de programas de envío automático, lo que permite que la práctica del *spamming* sea no solamente barata sino también rápida y simple.

Otro aspecto importante de los medios electrónicos es el anonimato inherente del remitente de un mensaje. Un mensaje de correo electrónico, por ejemplo, puede ser enviado a través de programas como Telnet o mediante proveedores de envíos másivos de correos electrónicos como MailChimp sin que el responsable necesite revelar su nombre o su dirección electrónica. Debido a ese hecho, los *spammers* pueden enviar mensajes sin preocuparse de las posibles implicaciones legales.

Etimología

Existen diversas versiones acerca del origen de la palabra *spam*. La versión más aceptada, y endosada por la RFC 2635, afirma que el término se originó de la marca SPAM, un tipo de carne de cerdo enlatada de la Hormel Foodes Corporation, y que fue asociado al envío de mensajes no-solicitados debido a un cuadro del grupo de humoristas ingleses Monty Python.

El cuadro fue escrito para ironizar el racionamento de comida ocurrido en Inglaterra durante y después de la Segunda Guerra Mundial. El SPAM fue uno de los pocos alimentos excluidos de ese racionamento, lo que eventualmente llevó las personas al enfado en contra de la marca y motivó la creación del cuadro.

Ese cuadro envuelve a una pareja discutiendo con una camarera en un restaurante acerca de la cantidad de SPAM presente en los platos. Mientras la pareja pregunta por un prato que no contenga la carne enlatada, la camarera repite constantemente la palabra "SPAM" para indicar la cantidad. Pasado algún tiempo, la discusión hace que un grupo de presentes en el restaurante comience a cantar a capela "SPAM, amado SPAM, glorioso SPAM, maravilloso SPAM!", imposibilitando cualquier conversación.

La Hormel Foodes Corporation no se posicionó contra el uso del término *spam* para designar el envío de mensajes electrónicos no-solicitados después de su popularización, pero pasó a exigir que la palabra SPAM en letras mayúsculas sea reservada para designar su producto y marca registrada.

Existen tres versiones, menos populares, acerca de la etimología que asocian el término *spam* a acrónimos. La primera afirma que SPAM significa *Sending and Posting Advertisement in* Mass , o "enviar y postear publicidad forma masiva", la segunda que significa *Shit Posing to Mail*, o "mierda fingiendo ser correspondencia" y la tercera que significa *Single Post to the All Messageboardes*, o "mensaje único para todos los foros de discusión.. "

Histórico

El primer registro oficial de un mensaje electrónico no solicitado enviado masivamente no ocurrió en una red, fue en el Compatible Team-Sharing System (CTSS) del Massachusetts Institute of Technology (MIT). El sistema, creado en 1961, consistía en un ordenador al que podían acceder múltiples usuarios a través de diferentes terminales.

Poco tiempo tras su creación, Tom Van Vleck y Noel Morris implementaron el programa CTSS MAIL que permitía que los usuarios se comunicaran a través de mensajes.

En 1971, un administrador del CTSS llamado Peter Bos utilizó el CTSS MAIL para enviar el mensaje pacifista "THERE IS NOT THE WAY TO THE PEACE. PEACE IS THE WAY.", o "No hay camino hacia la paz. La paz es el único camino". Pero Tom Van Vleck consideró tal comportamiento como inapropiado, Bos se defendió diciendo: "Pero he dicho algo importante!".

Después de la creación de la ARPANet, la red de ordenadores precursora de internet, y del sistema de correo electrónico, el problema del envío de mensajes no-solicitados llegó a ser abordado en 1975, en la RFC 706. Y en 1978 ocurrió el primer registro de un mensaje comercial no solicitado enviado masivamente a través del correo electrónico, reproducida abajo:

"Mail-from: DEC-MARLBORO rcvd at 3-May-78 0955-PDT
Date: 1   May   1978   1233-EDT
From: THUERK   at   DEC-MARLBORO
Subject: ADRIAN@SRI-KL

DIGITAL WILL BE GIVING A PRODUCT PRESENTATION OF THE NEWEST MEMBERS OF THE DECSYSTEM-20 FAMILY; THE DECSYSTEM-2020, 2020T, 2060, AND 2060T. THE DECSYSTEM-20 FAMILY OF COMPUTERS HAS EVOLVED FROM THE TENEX OPERATING SYSTEM AND THE DECSYSTEM-10 <PDP-10> COMPUTER ARCHITECTURE. BOTH THE DECSYSTEM-2060T AND 2020T OFFER FULL ARPANET SUPPORT UNDER THE TOPS-20 OPERATING SYSTEM.

THE DECSYSTEM-2060 IS AN UPWARD EXTENSION OF THE CURRENT DECSYSTEM 2040 AND 2050 FAMILY. THE DECSYSTEM-2020 IS A NEW LOW END MEMBER OF THE DECSYSTEM-20 FAMILY AND FULLY SOFTWARE COMPATIBLE WITH ALL OF THE OTHER DECSYSTEM-20 MODELS.

WE INVITE YOU To the COME SEE THE 2020 AND HEAR ABOUT THE DECSYSTEM-20 FAMILY AT THE TWO PRODUCT PRESENTATIONS WE WILL BE GIVING IN CALIFORNIA   THIS MONTH.   THE   LOCATIONS   WILL   BE:

TUESDAY,   MAY   9,   1978   -   2   PM HYATT   HOUSE   (NEAR   THE   L.A.   AIRPORT) LOS ANGELES, CA THURSDAY, MAY 11, 1978 - 2 PM DUNFEY'S   ROYAL   COACH

SAN MATEO, CA (4 MILES SOUTH OF S.F. AIRPORT AT BAYSHORE, RT 101 AND RT 92)

A 2020 WILL BE THERE SEA YOU To the VIEW. ALSO TERMINALS ON-LINE To the OTHER DECSYSTEM-20 SYSTEMS THROUGH THE ARPANET. IF YOU ARE UNABLE To the ATTEND, PLEASE FEEL FREE To the CONTACT THE NEAREST DEC OFFICE SEA LIVE INFORMATION ABOUT THE EXCITING DECSYSTEM-20 FAMILY."

A pesar del número considerable de reacciones indignadas y de las consecuentes discusiones al respeto, en parte debido al hecho de que la ARPANet se consideraba que tenía un uso exclusivo para asuntos del gobierno Norteamericano. Mark Crispin afirmó que "la solución definitiva es el comando de borrar mensajes de su programa para lectura de correo electrónico" y Richard Stallman, que hoy considera el *spamming* como uno de los mayores problemas de internet, en la época creía que las consecuencias de tal comportamiento eran pequeñas y no justificaban la creación de un sistema de control.

Aunque los dos registros anteriores puedan ser considerados como el inicio del *spamming*, el término *spam* no fue asociado al envío de mensajes no-solicitados hasta la década de 1980. El inicio exacto del uso de la palabra es incierto y es blanco de mucha especulación, pero existe un consenso de que él probablemente se originó en *Multi-User Dungeons* (MUDes), los ambientes virtuales donde múltiples usuarios conectados a una red pueden interactuar y conversar.

Algunos relatos describen que el acto de perjudicar el sistema a través del envío excesivo de datos, conocido hasta entonces como *trashing*, o "destrucción", y el acto de enviar múltiples mensajes con el objetivo de desplazar los mensajes de otros usuarios hacia fuera de la pantalla, conocido hasta entonces como *flooding*, o "inhundación", pasaron a ser conocidos como *spamming* cuando algunos usuarios comenzaron a comparar ese comportamiento al de los vikingos presentes en el cuadro del Monty Phyton: la música de los vikingos obstaculizaba la conversación en el restaurante de la misma manera que los mensajes no-solicitados obstaculizaban la conversación en los MUDes. Otros relatos afirman que esa comparación se originó porque algunos de los propios autores del trashing y del flooding , que realizaban sus actos a través del postear repetitivamente los mensajes conteniendo sólo la palabra "SPAM", en una clara alusión al cuadro humorístico.

En la década de 1980, el término pasó a ser utilizado como sinónimo de trashing y de flooding también en los sistemas BBS y Relay de comunicación electrónica, donde probablemente fue introducido por los usuarios de MUDes. Y fue en la red Usenet, el mayor sistema de grupos de noticias y de listas de discusión de la época, donde el uso del término *spam* se popularizou en la década de 1990.

Los mensajes no-solicitados ya habían sido enviados anteriormente en la Usenet antes de esa época: Rob Noha envió a diversas listas de discusión una solicitud de donaciones para su fondo de la facultad en 1988 y David Rhodes inició en el mismo periodo la circulación de una corriente electrónica conocida como "Make Money Fast". Sin embargo, el primer uso conocido de la palabra *spam* en la Usenet para designar ese tipo de comportamiento fue hecho por Joel Furr después de un episodio en 1993 que se conoció como el "ARMM Incident". En ese incidente, un software experimental llamado ARMM, creado por Furr para moderar aquellos mensajes considerados inadecuados en las listas de discusión, accidentalmente envió repetidas veces decenas de mensajes a la lista *news.admin.policy* debido a un fallo en la implementación. Joel Furr lamentó lo ocurrido y declaró que no era su intención "enviar *spam* a las listas".

En 18 de Enero de 1994 fue posteado en la Usenet el primer mensaje no solicitado enviado masivamente. Clarence Thomas, administrador del sistema de la Andrews University, envió a todos los grupos de noticias un mensaje religioso con el título "Global Alert sea All: Jesus is Coming Soon". Y cuatro meses después, en

Abril de 1994, el primer mensaje comercial no solicitado enviado masivamente, y también el primer mensaje no solicitado que popularizó el término *spam*, fue enviada en la Usenet: la pareja de abogados Laurence Canter y Martha Siegel anunciaron en decenas de grupos de noticias y en listas de discusión sus servicios relacionados a cómo participar de un sorteo de green *cardes*:

"From: Laurence Canter (nike@indirect.com)
Subject: Green Card Lottery- Final One?
Date: 1994-04-12 00:40:42 PST

Green Card Lottery 1994 May Be The Last One!
THE DEADLINE HAS BEEN ANNOUNCED.

The Green Card Lottery is la completely legal program giving away a certain annual allotment of Green Cardes to the persons born in certain countries. The lottery program was scheduled continúetelo on a permanent basis. However, recently, Senator Alan J Simpson introduced a bill into the U. S. Congress which could end any future lotteries. THE 1994 LOTTERY IS SCHEDULED To the TAKE PLACE SOON, BUT IT MAY BE THE VERY LAST ONE.

PERSONS BORN IN MOST COUNTRIES QUALIFY, MANY SEA FIRST EQUIPO.

The only countries NOT qualifying are: Mexico; India; P.R. China;
Taiwan, Philippines, North Korea, Canada, United Kingdom (except Northern Ireland), Jamaica, Domican Republic, El Salvador and Vietnam.

Lottery registration will take place soon. 55,000 Green Cardes will be given to the those who register correctly. EN El JOB IS REQUIRED.

THERE IS A STRICT JUNE DEADLINE. THE EQUIPO To the START IS NOW!!

Sea FREE information vía Email, send request to the cslaw@indirect.com

--
****

Canter & Siegel, Immigration Attorneys 3333 Y Camelback Road, Ste 250, Phoenix AZ 85018 USA cslaw@indirect.com telephone (602)661-3911 Fax (602) 451-7617"

Diversas personas se refirieron al mensaje como *spam*, y el término pasó a ser utilizado en otras instancias de comportamiento análogo. En pocos años, con la popularización cada vez mayor de internet, el envío de mensajes no-solicitados pasó a crecer en medio del correo electrónico, en parte estimulado por la existencia de los programas para envío automático de mensajes, y se expandió rápidamente hacia los otros medios disponibles.

Además de esas versiones, el the Hacker's dictionary, de Eric S. Raymond, incluye la versión del acrónimo para significar "Stupid People's AdvertiseMent", o "Anuncios de Personas Imbéciles".

Cuestiones sociales

Existen diferentes puntos de vista acerca de la práctica del *spamming*. El argumento común de las personas que se posicionan en contra se basa principalmente en el consumo de recursos realizado por la masiva cantidad de spam que se genera en internet y de la calidad del contenido presente en los mensajes.

Hay diversas organizaciones que combaten el *spam* que critican la práctica basándose en el espacio que los mensajes no-solicitados ocupan, el tiempo necesario para evitarlos y en la naturaleza intrínsecamente ilícita de la mayoría de estas. Por otro lado, existe un número considerable de organizaciones a favor del *spam* que no son necesariamente *spammers*. Según algunas de estas últimas, los *anti-spammers* acostumbran a actuar de manera extremista y alardear que el *spamming* es mucho más prejudicial de lo que realmente es.

La gran mayoría de los mensajes no-solicitados enviados son de naturaleza maliciosa o ilícita, lo que ciertamente contribuye a que la práctica del *spamming* sea vista de manera negativa. Ante ese hecho, la Direct Marketing Association (DMA) propuso una definición de spam que se restringía solamente a ese tipo de mensaje. La actitud de la DMA fue vista por muchos como una tentativa de la organización de justificar el propio *spam*.

Pero los mensajes no-solicitados de contenido legítimo incomodan a los usuarios y por ese motivo también son consideradas *spam* por parte de varias organizaciones. La razón de eso es que, en vista del bajo coste de los envíos masivos, el volumen de spam recibido por parte de un usuario puede crecer hasta niveles alarmantes sobre los cuales el usuario no tiene ningún control.

En relación a los recursos y al tiempo consumidos por la existencia del *spam*, los *spammers* argumentan que el envío de mensajes electrónicos no-solicitados no es diferente al envío de publicidad en periódicos o en televisión o ,mismamente, al buzoneo. Algunos también tienen la teoría de que las organizaciones *anti-spam* son derivadas de las grandes empresas que desean perjudicar a las pequeñas, que teóricamente son beneficiadas por el *spamming*, a fin de reforzar sus monopolios en los mercados.

Sobre el segundo argumento, existe un consenso entre los estadísticos y los economistas de que, a pesar del bajo coste del envío masivo de correos electrónicos, el beneficio resultante del *spamming* no compensa lo suficiente dado lo incómodo que le suele resultar a los posibles clientes. En otras palabras, los *spammers* realmente beneficiados por la práctica son aquellos cuyos propósitos tienden a ser ilícitos.

A la comparación entre el *spam* y la publicidad en los periódicos y en la televisión, suele ser contra-argumentada a través de la definición de spam y de la relación de este con los medios de envío. Se suele diferenciar entre el anunciante de los carteles o los anuncios comerciales del *spammer* que apenas gasta dinero, solamente al proveedor del servicio de alojamiento, por el envío del correo electrónico. Por el contrario, muchos proveedores, como el UOL, también se declaran como perjudicados por el *spamming*. La principal diferencia está en el hecho de que las emisoras de televisión, por ejemplo, son explícitamente sostenidas financieramente por los anunciantes. Al ver la televisión, un individuo está aceptando el sistema en el cual este se sostiene y por lo tanto no puede clasificar los anuncios comerciales como no-solicitados. El *Spam* no está relacionado con el proveedor del hospedaje y su existencia no es premeditada por el contrato del subscriptor, por lo tanto puede no ser solicitado.

Cuestiones económicas

Para discutir las cuestiones económicas relacionadas al *spam*, es necesario para poder realizar un análisis de cada uno de los tres posibles puntos de vista: del proveedor del servicio de comunicación electrónica utilizado, del usuario y del *spammer*.

Para proveedores de correo electrónico, el *spam* suele ser un gran problema. De acuerdo diversos estudios de varias organizaciones que vigilan el comportamiento del *Spam*, como la Spam Filter Review, alrededor del 60% de todos los mensajes de correo electrónico transmitidas en 2011 fue *spam*. Ese valor, que alcanza hasta 74% en algunas investigaciones, y esto exige a los proveedores la transmisión y el almacenamiento de un gran volumen de datos innecesarios. Para evitar esa carga, muchos proveedores empezaron a imponer restricciones a sus clientes y a utilizar filtros para rechazar mensajes que puedan ser considerados *spam*.

En el caso del usuario del servicio, el *spam* representa un coste adicional indeseado, ya que él acabará pagando por la recepción de este tipo de mensajes. Si su trabajo exige un gran uso del correo electrónico, el *spam* puede representar una pérdida de tiempo y una distracción capaz de reducir su produtividad.

Una investigación de McAfee demostró que los *Spammers* contribuyen en la polución del medio-ambiente: leer y eliminar los cerca de 62 trillones de spams consume 33 terawatts/hora de energía al año. Producir esa cantidad de energía emite 20 millones de toneladas de gases contaminantes, que es el valor equivalente al que es liberado por 1,6 millones de coches.

Debido a la medidas de contención adoptadas por los proveedores o por el uso de filtros sobre los mensajes que llegan a sus correos, muchos usuarios, como apunta el estudio "Spam: How it is hurting email and degrading life on the Internet", han reducido la credibilidad dada al correo electrónico.

Desde el punto de vista del *spammer*, la práctica es, normalmente, lucrativa, ya que aunque un pequeño porcentaje de las decenas de miles de mensajes enviados resulte en una venta, el logro obtenido compensará la inversión, ya que esta tiene un coste relativamente bajo que es usado únicamente para pagar el envío de los mensajes.

Cuestiones políticas

En todo el mundo, se han realizado muchos esfuerzos intentado regular la práctica del *spamming*. Esas iniciativas, consideradas importantes o urgentes para muchos, chocan con las dificultades de definir claramente lo que es *spam* y, principalmente, como caracterizar el abuso y no restringir la libertad de expresión en el ámbito de la comunicación electrónica.

Además de eso, aún establecidas las leyes, surge la cuestión de cómo identificar y localizar a los *spammers* infractores, normalmente protegidos bajo un nombre y una dirección electrónica falsos, y como aplicarles el castigo debido.

Un marco importante es el CAN-SPAM Act of 2003, ley federal de los Estados Unidos, que tiene como objetivo regular el envío de mensajes electrónicos comerciales en todo el territorio norteamericano y establece las formas de castigo para los infractores. En su texto, determina que los mensajes comerciales tienen que contener un encabezado válido, identificando la dirección electrónica del remitente, así como el dominio; que tengan en el campo asunto un texto que no impida al destinatario identificar el contenido real del mensaje y que incluya algún mecanismo para que el destinatario solicite la interrupción del envío de esos mensajes.

En Europa, la Directiva "en privacidad y comunicación electrónica" establece, para la Unión Europea, que los mensajes electrónicos comerciales sólo pueden ser enviadas a los destinatarios que optaron por recibirlas.

Guerra del spam

El término *Spam Wars*, o "Guerra del Spam", fue popularizado por Lawrence Lessig en un artículo homónimo publicado el 31 de Diciembre de 1998. En ese artículo, Lessig describió un conflicto entre el Massachusetts Institute of Technology (MIT) y el Open Relay Blocking System (ORBS), que se inició cuando el ORBS pasó a considerar los mensajes del MIT como que eran *spam* y dió como resultado un desastroso enfrentamiento entre las dos entidades, ambas irónicamente reconocidas públicamente por estar en contra del *spamming*.

El objetivo principal del artículo de Lessig era teorizar acerca de los problemas que podrían causar el extremismo en el combate al *spam* y de como los diferentes puntos de vista podrían dar como resultado unas manipulaciones indebidas. Sin embargo, el término acabó eventualmente asociado al conflicto entre *spammers* y personas, conocidas como *anti-spammers*, que se esfuerzan en reducir o eliminar la incidencia del *spam* en la comunicación electrónica.

Este conflicto es similar a una guerra armamentista, en el sentido de que ambos lados se esfuerzan en evolucionar la tecnología favorable a sus intereses y en superar la tecnología favorable al lado opuesto, en un círculo vicioso.

Recursos de los spammers

Muchos usuarios consiguen reconocer fácilmente que un mensaje es *spam* debido a la presencia de frases gramaticalmente incorrectas o conceptualmente absurdas, una consecuencia de la automatización del envío. Debido a ese hecho, un esfuerzo recurrente que hacen los *spammers* es intentar hacer que el mensaje enviado sea lo suficientemente creíble y atraer la atención del destinatario.

En el caso de los mensajes más informales, los métodos comunes para alcanzar ese objetivo son el uso de frases simpáticas o frases que sugieren que el mensaje enviado es una respuesta a algo que el destinatario envió anteriormente.

Otro procedimiento común de los *spammers* es enviar sus mensajes utilizando nombres y direcciones falsas, pero que sean familiares o por lo menos simpáticos para el destinatario. A través de eso, un *spammer* no solamente puede atraer la atención del usuario, sino que también evita ser rastreado. Algunos de ellos incluso modifican la dirección IP para dificultar la identificación.

Muchas veces, los *spammers* utilizan identidades falsas como una forma de perjudicar otras personas: al identificarse como otro individuo, un *spammer* acaba consiguiendo que algunos destinatarios, irritados con el envío continuo del *spam*, intentará tomar represalias contra el supuesto remitente, que en realidad es inocente. Las víctimas de ese tipo de spam son conocidas como *joe jobs*, término que se originó del hosting Joe's Cyberpost, una de las víctimas más famosas.

Para obtener listas de direcciones electrónicas automáticamente, algunos *spammers* desarrollan interpretadores de texto más sofisticados, capaces de identificar direcciones electrónicas aunque estos estén en formatos no-usuales. Es el denominado *harvesting*, término en inglés: se traduce habitualmente por *cosecha* de direcciones de email.

Finalmente, modificar sutil y periódicamente el contenido del *spam* es un procedimiento utilizado para evitar a los programas bloqueadores de spam que puedan tener los destinatarios. La idea de tal procedimiento es simple: como la mayoría de esos programas identifica un mensaje no-solicitado a través de frases-patrón o palabras-clave, el *spammer* evita repetir términos, modificando los términos originales para evitar que estos sean detectados. El corto proceso de sustituir "viagra" por "v.i.a.g.r.a.", por ejemplo, puede ser capaz de superar muchos de los programas bloqueadores de spam utilizados actualmente.

Recursos de los anti-spammers

En el año 2000, Von Ahn, profesor de la Universidad de Carnegie Mellon, desarrolló el CAPTCHA, un sistema para impedir el envío de mensajes de emails indeseados. Ese mecanismo impide que scripts automatizados - más conocidos como bots - se hagan pasar por humanos, y que según él, junto con otras avanzadas técnicas de filtrado de spams, se consigue solucionar la mayor parte de los problemas derivados de los spams y deja la cuestión prácticamente resuelta.

Es verdad que el desarrollo del CAPTCHA marcó el inicio de la lucha contra los spams y que gracias a él hubo una disminución acentuada de los envíos de emails no deseados, sin embargo aún hoy en día una gran parte del ancho de banda de internet es consumido con estos mensajes, como puede se puede ver en las estadísticas de spamcop. Las nuevas técnicas y herramientas están siendo aplicadas para frenar este problema. Estas soluciones están en diversas capas, ya sean filtros implementados en los servidores de email, mecanismos de clasificación de mensajes de spam para que los usuarios definan que determinado asunto o autor es fuente de spam e incluso filtros implementados en la capa física, como algunos componentes electrónicos de red que poseen mecanismos anti-spam implementados en red.

Según David Sorkin, los procedimientos tomados contra el *spamming* pueden ser divididos en tres grupos principales: sociales, técnicos y legales. Los procedimientos sociales son conjuntos de protocolos y reglas que raramente son respetados por *un spammer*. Los procedimientos legales, como procesos, raramente obtienen el resultado debido a la dificultad en localizar al *spammer*.

El principal procedimiento técnico contra el *spam* es el uso de los programas de bloqueo, también conocidos como *filtros*. Esos programas se basan en la idea de analizar el asunto y el código del mensaje a fin de obtener la probabilidad de este ser o no un *spam*. Una vez identificado, el mensaje puede ser eliminado o movido hacia otra parte del cliente de correo del usuario automáticamente. Normalmente, los patrones de búsqueda pueden ser definidos por el usuario, lo que hace de los filtros una herramienta potencialmente poderosa. Sin embargo, una desventaja de este sistema es la posibilidad de que el filtro juzgue cómo un *spam* un mensaje importante que, por coincidencia, tenía patrones típicos.

Los *filtros bayesianos* son filtros que utilizan técnicas estadísticas para identificar y controlar la recepción de spam . Estos fueron idealizados por Paul Graham en su artículo "El Plan Sea Spam" de Agosto de 2002 y actualmente son los filtros más eficientes y conocidos. La mayoría de los proveedores los utiliza y en algunos casos la eficiencia llega a 99,99%.

Otro método técnico para reducir el *spam* es esconder direcciones de email a través de procedimientos de camuflaje. Algunos interpretadores de textos que ejecutan barridos en la World Wide Web en búsqueda de direcciones pueden ser engañados a través de criptografía rudimentaria, como la sustitución del término "@" por "at" , sin que la dirección deje de ser legible para una persona.

Las técnicas avanzadas de filtros de spam están siendo desarrolladas, muchas de estas utilizan inteligencia artificial, como mecanismos de aprendizaje de máquina para aprender cuando un mensaje es considerado spam, y de métodos estadísticos para identificar y controlar la recepción de mensajes. Es uno de los métodos utilizados por VerticalIP. La eficiencia de tales técnicas de filtrado está estimada en más del 99,99%, pero dada la cantidad diaria de mensajes enviados mundialmente aún es necesario que los filtros sean desarrollados más eficientemente. Todas las técnicas tienen como objetivo buscar el equilibrio entre filtrar mensajes indeseados sin que los mensajes "verdaderos" sean bloqueados.

Algunos enfoques del combate de spam se basan en sistemas bio-inspirados, o sea, en sistemas que se asemejan a los mecanismos utilizados por mecanismos vivos. Uno de estos sistemas, y que viene alcanzando un gran porcentaje de acierto, está siendo desarrollado por Microsoft, este se basa en los mismos principios del sistema inmune al combate a virus, haciendo inclusive una analogía entre el virus de VIH y los spams. El virus VIH consigue sobrevivir porque, al contaminar las células, no utiliza copias exactas suyas, pero sí réplicas con pequeñas modificaciones, tal como hacen los spammers con palabras. Esa serie de pequeños y distinguidos cambios dificulta al extremo el desarrollo de una vacuna, ya que los anticuerpos no conseguirán "ver" las variaciones.

HYIP

Un **Programa de Inversión de Alto Rendimiento** (en inglés: *High-Yield Investment Program*) - **HYIP** es un tipo de fraude. Inicialmente, este era aplicado refiriéndose a un programa de inversión que ofrecía un alto retorno sobre la inversión Posteriormente, el término "HYIP" fue usado por los operadores de los fraudes para camuflar sus fraudes como si fueran inversiones legítimas. Debido a este mal uso de los defraudadores, HYIP ya prácticamente se hizo sinónimo de fraude como Esquema Ponzi.

La mayoría de las HYIPs revelan poco o ningún detalle sobre su gestión, localización u otros aspectos sobre la forma en la se invertirá el dinero (normalmente porque el dinero no es invertido) y sobre la forma de como ellos generan los retornos que proponen, excepto por vagas afirmaciones de que ellos hacen varios tipos de negociación en diversas acciones y otros mercados, tales como el FOREX. Ellos son, muchas veces, presentados con algún tipo de llamamiento emocional, llamamientos a la fe y la promesa de que van a ayudar a los inversores a alcanzar libertad financiera.

Los esquemas HYIP online raramente duran más de un par de años y típicamente aceptan pequeños depósitos, mientras prometen rentabilidades increíblemente altas. La abrumadora mayoría de los casos sugiere que los HYIPs son esquemas Ponzi, en que los nuevos inversores suministran los fondos para pagar los rendimientos de los inversores ya existentes, que, normalmente, son rescatados enseguida. Esta visión permite que el esquema fraudulento continúe mientras se encuentren a nuevos inversores y/o antiguos inversores que reinviertan su dinero en el sistema, proceso conocido como composición (porque se les promete beneficios aún mucho mayores). Los defraudadores intentan engañar los inversores, sugiriendo que son instituciones reales, consideradas financieramente sólidas, y otras, desconocidas, de nombres llamativos, son participantes de estos programas falsos.

La introducción de monedas electrónicas, tales como e-gold o Liberty Reserve, hizo posible que las HYIPs operen en internet y atraviesen fronteras internacionales, eso y a que aceptan un gran número de pequeñas inversiones. Las HYIPs suelen ofrecer algún tipo de incentivo en forma de comisión para los miembros que atraigan a nuevos inversores (por ejemplo, una comisión del 9% de los nuevos fondos invertidos).

Posiblemente, el mayor fraude en forma de HYIP que existió en internet fue PIPS (*People in Profit System*). El esquema de inversión fue iniciada por Bryan Marsden al comienzo de 2004, fue difundido por más de 20 países y , generando más de 20 millones de dólares americanos. Después de las investigaciones, fue cerrada por el *Bank Hube Negado Malaysia* (Banco Central de Malasia) el 19 de Agosto de 2005, deteniendo a Mardesen y a su esposa para ser arrestados.

Marketing multinivel

El **Marketing multinivel** (MLM), también conocido como *marketing de red*, es un modelo comercial de distribución de bienes o servicios en que las ganancias pueden venir de la venta efectiva de los productos o del reclutamiento de nuevos vendedores. Se diferencia del llamado "esquema piramidal" por tener la mayor parte de sus rendimientos provenientes de la venta de los productos, mientras, en la pirámide, los beneficios vienen, sólo o mayoritariamente, del reclutamiento de nuevos vendedores. En Estados Unidos, una forma de diferenciar los dos sistemas es la llamada regla de los 70%: si la empresa tiene 70% o más de su rendimiento obtenido de los productos, es marketing en red, sino es pirámide.

De acuerdo con Will Marks, "El marketing de red es un sistema de distribución, o forma de marketing, que mueve bienes y/o servicios del fabricante hacia el consumidor por medio de una 'red' de contratantes independientes".

Concepto

El **marketing multinivel** es un sistema derivado de las ventas directas. Este sistema en forma de red (networking) se ha consolidado en un escenario de revolución organizacional. Según algunos estudiosos de administración, el marketing de red está considerado como un sistema más eficaz en determinadas situaciones de mercado.

Según tales autores, la globalización modificó la disposición del escenario económico en los años 80. Aún así, las empresas comenzaron a caminar en dirección al marketing de relaciones, justificando la necesidad de crear vínculos de fidelización con los clientes.

El sistema de marketing multinivel posee varios sinónimos. Entre las denominaciones que el mercado más utiliza, están:

- Marketing de medios sociales (MMS)
- Marketing de Red (MR)
- Marketing Multinivel (MLM)
- Multi Level Marketing (MLM)
- Network Marketing (NM)

Ondas

La evolución del sistema de marketing *multinivel* se divide en ondas (periodos). O sea, cada ondas posee características diferentes que se refiere al modelo de sistema multinivel y sus especificaciones. Las ondas históricamente definidas son:

Primera onda (1941 - 1979)

La primera onda se inicia inmediatamente después de la creación del marketing multinivel por Carl, cuando el primer plan de comisiones en diferentes niveles fue implantado en su empresa en aquella época. Durante este mismo periodo, algunas personas y empresas aprovecharon el desarrollo del sistema de marketing en red y desarrollaron el esquema piramidal. Este tipo de esquema posee una estrategia muy parecida al marketing multinivel. Sin embargo, la diferencia esencial es que el multinivel es una herramienta de negocios con el fin de comercializar productos y/o servicios, a diferencia del sistema en pirámide, que recluta a personas con el simple afán de captar y mover dinero.

El fin de la primera onda ocurrió cuando la Comisión Federal de Comercio, en 1979, define el marketing multinivel como un negocio legítimo, al contrario del esquema piramidal.

Segunda onda (1980 - 1989)

Al comienzo de la década de los 80, algunos centenares de empresas que ya utilizaban el sistema de marketing multinivel tuvieron un gran auge en los Estados Unidos, una gran parte de estas nacían en garajes y patios traseros sin ninguna estructura básica de organización. La experiencia frustro a muchos negociantes y distribuidores que se adhirieron al sistema de marketing multinivel. En aquella época, los distribuidores acumulaban miles de funciones, además de la necesidad de comprar cada vez más productos a fin de subir en los planes de carrera de las empresas. Esa cantidad de factores negativos daba como consecuencia stocks parados, desgaste físico y emocional de los distribuidores y, a fin de cuentas, poco o ningún margen de beneficio.

Tercera onda (1990 – 1999)

La tercera onda se caracteriza por la presencia de nuevas tecnologías y de mano de obra especializada en la administración de ese tipos de negocios. En este escenario, los ejecutivos profesionales trabajaban para revertir la imagen del marketing de red y hacerlo menos árduo para los distribuidores. Las compañías apostaban por los sistemas informatizados, las nuevas tecnologías de comunicación y las técnicas sofisticadas de administración, con el objetivo de hacer del marketing multinivel una herramienta de venta más eficaz. Otro factor a destacar es que las condiciones de los planes de compensación fueron más plausibles, es decir, los distribuidores dejaron de ser presionados a invertir más tiempo y dinero del que disponían para tener éxito en el negocio.

Cuarta onda (años 2000)

Esta onda llevó a algunos especialistas a creer que el marketing de red crecería aún más en el siglo XXI, lo que se ha confirmado. Prueba de eso es que las grandes empresas multinacionales han invertido en empresas de marketing multinivel o en programas propios de marketing de red en sus empresas. Este impacto es el resultado de la imagen que el marketing multinivel ha construido por medio de las empresas que trabajan con el sistema y lo aplican con seriedad.

Quinta onda

Actualmente, se está desarrollando la quinta onda, entendida como la asociación de los conceptos de marketing "network" o marketing "multinivel - MLM" con internet, siendo este el camino más eficiente para la creación de un buen "network", finalmente, conceptualmente, "internet" no es más que una red mundial de personas integradas por medio de un receptor de la misma (smartphones, tablets, ordenadores de mesa, portátiles). Además de la ampliación de la red de contactos de los distribuidores, internet añade innovaciones al proceso de comunicación y a las relaciones entre empresas, distribuidores y consumidores. Las nuevas empresas del sector de MLM cuentan con esta tecnología desde su proyecto incial, mientras otras han buscado la reingeniería como recurso para acompañar el movimiento de la "nueva onda".

Modelo de negocio

De acuerdo con la obra de Bernard Lalonde, "Cada vez es mayor el número de empresas dispuestas a confiar en la distribución de sus productos y la atención personalizada a sus clientes a empresas de terceros especializados", lo que refuerza la idea del que el modelo de marketing de red es una gran tendencia en diversos segmentos de mercado.

El marketing multinivel forma parte de un conjunto de canales por el medio de los cuales un fabricante puede hacer que sus productos lleguen a su consumidor. Además del marketing multinivel, los otros canales que realizan esta tarea son: venta al por menor, ventas directas y ventas por catálogos u orden postal.

• Venta al por menor: El producto es comercializado por medio de establecimientos como farmacias, mercerías, mercados etc. Según Kotler, "la venta al por menor incluye todas las actividades envueltas en la venta de bienes y servicios directamente a los consumidores finales para uso personal [...]".

• Ventas Directas: La venta directa es un sistema de comercialización de bienes de consumo y servicios diferenciados, basado en el contacto personal entre vendedores y compradores, fuera de un establecimiento comercial fijo. Este tipo de venta es muy común cuando se trata de cosméticos, perfumes, artículos para el hogar y otros artículos similares. Las tácticas como las ventas de puerta-en-puerta y las reuniones en casa son bastante frecuentes en este tipo de ventas.

• Ventas por catálogo: Como el propio nombre dice, las ventas son realizadas por medio de revistas enviadas para el consumidor.

• Marketing multinivel: Este tipo de canal derivó de las ventas directas. Sin embargo, en esencia, tiene algunas diferencias. A fin de ejemplificar el funcionamiento del sistema, vamos a suponer una situación en que el sistema de marketing multinivel puede ser aplicado:

Funcionamiento

El MLM es normalmente usado por una empresa (fabricante, importador, distribuidor) de productos o servicios que entiende que, por necesidades y estrategia de mercado, obtendrá posibles ventajas financieras, administrativas y logísticas, y que aquello que vende tendrá mayor éxito utilizando ese canal de ventas.

El crecimiento de la base de clientes es limitado por la cantidad de personal de ventas y, para aumentar la presencia en el mercado, se le solicita a los representantes que recomienden a otras personas interesadas a trabajar en el mismo cargo. Como incentivo se suele ofrecer un incentivo económico por cada persona que consigan atraer a su red comercial.

A aquellos que consiguen ampliar su red comercial con nuevos vendedores también reciben una comisión sobre las ventas de cada uno de sus vendedores, esta es una forma de incentivar la búsqueda de buenos profesionales y de que el comercial les dé el entrenamiento adecuado a estos. Si los nuevos vendedores también atraen a más vendedores, se inicia el proceso de formación de la red de vendedores. Los vendedores asumen una postura empreendedora e independiente, controlando sus propias redes y negocios, pero necesitarán seguir vendiendo y/o consumiendo los productos del fabricante original.

Estructura

Así como en otras estructuras empresariales, una empresa de marketing multinivel está compuesta por cargos y funciones en una estructura específica. Es decir, cada cargo o función es responsable de cada etapa del proceso. Ese conjunto de responsabilidades sostiene la ampliación de la red y, en consecuencia, la inserción de los productos comercializados en los nuevos mercados sin dejar de cumplir con las necesidades de los antiguos clientes y distribuidores. Básicamente, los sectores, cargos y sus respectivas funciones son:

• Presidente y CEO – Tiene responsabilidad total sobre las funciones de la empresa.

• Ventas - Responsabilidad sobre los reclutamientos, entrenamientos, desarrollo y motivación de la fuerza de ventas de los distribuidores independientes. El ejecutivo de ventas también es el responsable de desarrollar y promover el negocio como un producto, incluyendo diseño y actualización de los materiales del kit de ventas inicial (kit del patrocinador).

• Marketing - Este sector se encarga de la selección y mantenimiento de la línea de producto apropiada para que la organización de ventas (distribuidores) pueda vender. Factores como el precio, la promoción, las relaciones públicas, las comunicaciones de marketing, el posicionamento y las rentabilidades también son responsabilidades inherentes al sector de marketing, así como el éxito del lanzamiento de los productos, de las investigaciones de marketing y los análisis competitivos.

• Operaciones - El sector de operaciones da soporte a las etapas de producción, de compras, de distribución, de embarque de mercancías y del control de inventarios.

- Soporte administrativo y financiero - Algunas funciones como la gestión de informaciones, jurídico, de recursos humanos, planificación financiera y contable son las responsabilidades de este sector.

- Desarrollo de Producto - El desarrollo de producto debe representar una parte de los representantes de ventas, marketing, operaciones y la parte financiera. Esa acción conjunta de los sectores forma el Comité de Desarrollo de Producto. La creación y el desarrollo de un nuevo producto depende de la exigencia del mercado. Ese desarrollo debe de tiener como objetivo al aumento de pedidos y/o el estímulo para el reclutamiento de nuevos distribuidores.

- Departamento de soporte - Este departamento debe asegurar la interacción entre los distribuidores o los representantes. La importancia de la tecnología en ese proceso es esencial, ya que, además de transmitir seguridad y rapidez en el contacto con la empresa y los otros sectores, les transmite la certeza de estar trabajando con una empresa que se preocupa en alcanzar la excelencia.

Algunas herramientas de soporte para los distribuidores son: conexiones gratuitas, revistas mensuales, informaciones de la organización, fax, teleconferencias, entrenamientos y reuniones, materiales de video y audio.

Factores legales

Este es un punto crítico por el hecho de que envuelve juicios éticos y morales en relación al marketing multinivel.

Según Buaiz: "En el marketing de red hemos visto que algunos distribuidores están más preocupados en valerse de todos los recursos antiéticos – mentiras, ilusión y presión psicológica, por ejemplo – para promover un crecimiento más acentuado en sus organizaciones".

La consecuencia de esas actitudes es la desconfianza masiva en relación al sistema de marketing multinivel. Miles de personas se decepcionan con el sistema cuando descubren que fueron engañadas por la empresa "X" o por el distribuidor "Y".

La impresión negativa difundida en este sentido dió a lugar a la comparación directa entre el sistema de marketing multinivel y el esquema piramidal.

A finales de la década de los 70, fueron varias directrices creadas a fin de legitimar las operaciones de marketing multinivel. De entre estas, las principales son:

a) Los distribuidores fueron entrenados para vender (o usar) el 70% de los productos que compran a la empresa con el objetivo de no generar stocks con el único objetivo de aumentar los ingresos con las comisiones (front-loading)

b) Las empresas deberán tener una política de recompra, en la proporción del 90% del precio de los productos, para los productos no vendidos de aquellos que desistieron de continuar el negocio.

Los códigos de conducta tienen como objetivo proteger a los consumidores y a los vendedores directos para alertarlos contra acciones de mala-fe o al descuido de las relaciones existentes. De entre los temas abordados están: los criterios de reclutamiento, las informaciones sobre productos, el estímulo a la formación de stock, el respeto a la privacidad del consumidor, los criterios y los plazos para devolución de los productos.

Críticas al Sistema

El sistema de marketing multinivel aún está sujeto a muchas dudas en relación a su eficacia.

Algunos argumentos cuestionan la credibilidad de las empresas que trabajan con el marketing multinivel. Los dos más lógicos están relacionados a la saturación del mercado y a la confiabilidad de algunas empresas de marketing multinivel.

Saturación

La cuestión de la saturación es matemática. Suponiendo que en la red cada individuo tuviera a 10 personas bajo su liderazgo, el número de asociados superaría la población mundial en algunos niveles inmediatamente debajo del inicial. El resultado sería la saturación del negocio y la impossibilidad de expansión.

De hecho, la lógica tiene sentido. Sin embargo, es importante considerar algunos puntos antes de un juicio final. Hasta hoy no existen pruebas de que los sistemas de marketing multinivel se hayan saturado. Considerando al consumo como un factor dinámico y regulador de demandas, un negocio estático (no-dinámico) nisiquiera llegaría al punto de saturación, ya que ni todos estarían dispuestos a adherirse al sistema de marketing multinivel, ya sea por desconfianza o por falta de interés. Una buena gama de servicios y de productos que puedan ser ofrecidos a los mercados específicos estimula la competencia y frena la tendencia de saturación. Por estos y otros motivos, así como en otras actividades, en el marketing multinivel es posible que sufra alguna saturación. Sin embargo, es necesario contextualizar su aplicación en el mercado antes de hacer cualquier afirmación.

Un ejemplo práctico de ese razonamiento es el hecho de que el marketing multinivel se basa en la venta directa de productos o al porcentaje sobre las ventas de los vendedores que tenga bajo su liderazgo en el negocio. Como muchas personas desistirán de la actividad con el paso del tiempo, el trabajo del "distribuidor-jefe" pasa a ser el no promover el crecimiento exponencial de vendedores bajo su liderazgo, a ser el mantenimiento de un número mínimo de vendedores que sostengan sus rendimientos indirectos, por comisión de ventas. Por eso el marketing multinivel nunca suele alcanzar un nivel de saturación, diferenciándose de la pirámide, aunque guarde muchas semejanzas con este sistema.

Credibilidad negativa

Este es un factor que causa constantes abandonos y decepciones. Las empresas de carácter dudoso que se aprovechan de la ingenuidad de parte de la población ofreciéndoles grandes sumas de dinero con poco trabajo y con un retorno de dinero rápido.

En cuanto se comprueba que las afirmaciones de dinero fácil son engañosas, los distribuidores que se adhirieron al sistema se dan cuenta de que el negocio no funciona como le han prometido. En algunos casos, la inversión de grandes cantidades de dinero y el tiempo dedicado al negocio trae enormes perjuicios a los asociados de aquellas las empresas con una credibilidad dudosa.

Esquema Ponzi

Un **esquema Ponzi** es una sofisticada operación fraudulenta de inversión del tipo esquema piramidal que envuelve el pago de rendimientos anormalmente altos ("beneficios") a los inversores, a costa del dinero pagado por los inversores que lleguen posteriormente, en vez del modelo de negocio generado por cualquier negocio real. El nombre del esquema se refiere al criminal financiero ítalo-americano Charles Ponzi (o Carlo Ponzi).

Historia

Aunque sistemas semejantes a este ya existieran anteriormente, el nombre de este esquema es debido al ítalo-americano Charles Ponzi, autor de un gigantesco fraude en la década de 1920, la cual consiguió tener mayores repercusiones que otros fraudes anteriores.

Charles Ponzi era un emigrante italiano, que se cree que llegó a los Estados Unidos en la década de 1910. De muy bajos recursos, como la mayor parte de los emigrantes que llegaban a ese país, "descubrió" al poco tiempo tras su llegada y gracias a la correspondencia que recibió de España que los sellos de respuesta de correo internacional se podían vender en los Estados Unidos más caros que en el extranjero por lo que este tipo de negocio lograría producir beneficios. Así comenzó el rumor y muchas personas no quisieron quedar fuera del negocio y entregaron sus capitales a Ponzi.

Pero aunque Ponzi estuviera recogiendo sumas astronómicas de dinero, y hubiera filas de personas que querían entregarle más, en realidad no compró sellos. Pagaba rendimientos de hasta el 100% en tres meses, con el capital de los sucesivos nuevos inversores.

Ponzi convenció a amigos y a compañeros del nuevo negocio a apoyar su sistema desde el inicio, ofreciendo uno retorno del 50% en una inversión a 45 días. Algunas personas invirtieron y obtuvieron el prometido dinero en el intervalo temporal estimado. El esquema se amplió, y Ponzi contrató a agentes, pagando generosas comisiones por cada dólar que pudieran traer. En Febrero de 1920, Ponzi obtuvo cerca de 5000 dólares americanos, una gran cantidad ese tiempo.

En Marzo ya tenía 30 mil dólares. La histeria colectiva creció y Ponzi comenzó la expansión hacia Nueva Inglaterra y hacia Nueva Jersey. Los que invertían obtenían grandes beneficios y estos motivaban otros a invertir, y a su vez estos volvían a reinvertir su dinero.

Ya en mayo de 1920 había conseguido recaudar 420 mil dólares. Ponzi comenzó a depositar su dinero en el *Hanover Trust*

Bank of Boston, que era un pequeño banco ítalo-americano en la calle Hanover, al norte del barrio italiano, esperando que después se pudiera convertir en el presidente del banco o que pudiera imponer sus decisiones. Finalmente consiguió controlar el banco al comprar sus acciones.

En julio de 1920 ya tenía millones de dólares. Muchas personas vendieron o hipotecaron sus casas con la esperanza de ganar cantidades muy grandes de dinero. El día 26 de julio gran parte del esquema empezó a colapsarse después de que el periódico Boston Post cuestionara las prácticas de la empresa de Ponzi. Finalmente la empresa sufrió la intervención por parte del Estado que congeló todas las nuevas captaciones de dinero. Muchos de los inversores reclamaron furiosamente su dinero, y en ese momento Ponzi devolvió el capital a quién lo solicitó, lo que causó un aumento considerable de su popularidad, habiendo mucha gente que incluso le pedían que se postulase como candidato a un cargo político público. Las promesas de Ponzi crecieron aún más ya que planeaba crear un nuevo tipo de banco, en el cual los beneficios se repartieran de igual modo entre los accionistas y aquellos que invirtieran dinero en el banco. Hasta planeó reabrir su empresa bajo el nombre "Charles Ponzi Company", cuyo principal objetivo era invertir en empresas en todo el mundo.

Gracias a su esquema Ponzi comenzó a vivir una vida llena de lujos: compró una mansión con aire acondicionado y un calentador para su piscina, y se trajo a su madre desde Italia en primera clase. Rápidamente este emigrante de bajos recursos obtuvo no sólo una gran cantidad de dinero sino que se rodeó de los lujos más extravagantes para él y su familia.

En Agosto de 1920 los bancos y medios de comunicación declararon a Ponzi en bancarrota. Este confesó que en 1908 había participado en un fraude muy parecido en Canadá, que ofrecía a los inversores grandes rendimientos a su inversiones.

El gobierno federal de los Estados Unidos intervino finalmente descubriendo el megafraude, y Ponzi fue detenido pero tuvo que ser puesto en libertad ya que pagó la fianza. Decidió continuar con su sistema, engreído que lo podría sostener. Rápidamente el sistema cayó y los inversores (ahorradores) perdieron su dinero. La mayor parte de las personas no obtuvo beneficios, y muchos de los que obtuvieron beneficios los perdieron al reinvertirlo en el fraude. Ponzi, aunque haya sido enviado de vuelta a Italia y a pesar de que se había descubierto su fraude, fue aclamado por mucha gente como un benefactor.

Características

Los esquemas Ponzi ofrecen a los inversores grandes intereses en un corto periodo de tiempo, ya que el sistema sólo puede funcionar a corto plazo, todo dependiendo de la cantidad de nuevos inversores que integren el negocio.

El sistema Ponzi finaliza siempre en bancarrota, ya que la mayoría abrumadora de los inversores pierde todo su dinero. Las características típicas de la propaganda para reclutar a los nuevos inversores son:

- Promesa de altos rendimientos a corto plazo.
- Obtención de rendimientos financieros que no están bien documentados.
- Dirigido a un público no formado financieramente.
- Una única persona fiscal o una única empresa.
- Falta de Producto para ser consumido o entonces un producto que es vendido a un precio mucho mayor de su precio de mercado. Sin embargo la venta del producto es algo secundario, ya que el más importante es reclutar nuevas personas.
- Movimientos sólo de dinero.
- Ningún vínculo con Leyes Laborales y de Recaudación de Impuestos Federales. En general, los participantes acaban "pagando para trabajar".

Se hace evidente que el riesgo de inversión en las operaciones que hacen uso de esta práctica es elevadísimo. El riesgo es cada vez más alto al crecer el número de suscriptores, ya que cada vez se va haciendo más difícil encontrar nuevos seguidores.

En muchos países, esta práctica es un crimen.

Autores de esquemas fraudulentos famosos

En los Estados Unidos de América, en la década de los 1920 - Charles Ponzi ofrecía inversiones a corto plazo con rendimientos elevados convenciendo a los inversores de que era posible lucrarse de transacciones internacionales que envolvían sellos y cupones-respuesta de los Correos americanos, un negocio que nunca fue realizado por Ponzi. A pesar de eso los depósitos pasaron de 5000,00$ en febrero de 1920 a más de 1.000.000,00$ en julio de 1920 cuando el esquema piramidal fue intervenido por el gobierno de los Estados Unidos. Charles Ponzi llegó a ser arrestado pero fue puesto en libertad bajo fianza poco tiempo después y volvió a Italia donde luego se marchó a residir a la ciudad de Río de Janeiro , donde murió en 1949 como indigente. Los Esquemas piramidales en el sistema financiero que ofrecen intereses altos a corto plazo pasaron a ser denominados como "Esquema Ponzi" debido a ese esquema fraudulento.

En Portugal, en la década de 1980 - Maria Blanca de Santos, apodada la Dueña "Blanca", creó una organización de préstamos e inversiones ilegales que funcionaba a través de un esquema piramidal. Sus actividades comenzaron a finales de los años 70 y ganaron fuerza a comienzos de los 1980 recaudando 17,5 billones de escudos, lo que equivalía a 200 millones en la época. En 1984 el esquema fue desmantelado por las autoridades portuguesas que reconocieron el esquema como una de los mayores fraudes financieros del país. Maria Blanca de Santos fue acusada, a los 76 años, y condenada a diez años de prisión. La Dueña Blanca falleció en 1992 a los 80 años después de ser puesta en libertada por problemas de salud.

En los Estados Unidos de América, en la década de 2000 - el financiero Bernard Madoff ofrecía un fondo de inversión con intereses mensuales del 1% en el mercado norteamericano a través de un esquema piramidal del tipo Ponzi. A pesar de que una tasa de intereses mensual del 1% no son totalmente absurdas, estas eran muy altas para los patrones de la economía norteamericana (del orden del 1% al año) y sólo fueron posibles a través de los depósitos de nuevos inversores. A partir de la crisis financiera mundial del año 2007 los inversores de los fondos de Madoff fueron sorprendidos al no poder rescatar sus depósitos, el valor estimado del fraude es de 85 billones de euros. En 2008, Bernard Madoff, entonces con 71 años, fue acusado y condenado a 150 años de prisión.

Rumanía, 1992-94: el esquema Caritas, fundado por el empresario Ioan Stoica, afectó a entre un décimo y un tercio de la población de Rumanía. Coincidiendo con la transición hacia el capitalismo, el esquema se aprovechó de las nuevas perspectivas abiertas por la manipulación del dinero en el país. Prometía el valor invertido multiplicado por ocho, tras un periodo de tan solo tres meses.

En el Brasil actualmente en 2013 existe un esquema semejante llamada TELEXFREE en marcha, pero ya está siendo procesado por la justicia. En ese mismo año en Brazil también surgen empresas como Priples o BBom, con mismo esquema de la Telexfree. o sea mismo fraude.

Los Hoax'online' más eficaces continúan inspirándose en los viejos esquemas creados hace 10 años. Descubra los 7 fraudes más comunes.

"Desde Rusia con amor". Es título de una película y podía ser el asunto de un email enviado por cualquier joven rusa, enamorada de su destinatario hispano y pidiéndole ayuda financiera para comprar un billete de avión que le permita encontrarse con el enamorado-engañado. Podía ser el inicio de una gran historia de amor, pero no es más que un fraude por internet.

A la semejanza del "esquema nigeriano", el hoax más conocido realizado a través de email - "el esquema de las novias" - suele apelar al corazón, pero el objetivo es el mismo: "engañar a los usuarios, robándoles su dinero, pudiendo llegar a los miles de euros", cuenta Francisco Leitão, de Panda Security, al Diario Económico. La empresa reunió los diez mayores ciber-fraudes de los últimos diez años y concluyó que el 'modus operandi' es siempre igual. "El contacto inicial se realiza por email o a través de las redes sociales y la potencial víctima es tentada a responder por email, teléfono o fax. Al consigan captar su interés, los criminales intentan ganar la confianza de la víctima para después solicitarle determinada cantidad de dinero bajo los más variados pretextos", explica Francisco Leitão.

Cuestionado sobre que cuidados hay tener para no ser víctima de estos fraudes, Francisco Leitão apunta tres reglas básicas: tener un buen anti-virus, mantener el sentido común y no confiar ciegamente en internet. "Muchos de estos mensajes son eliminados y clasificadas como indeseados por las soluciones de seguridad con anti-spam; es igualmente importante encriptar la información contenida en su disco duro". Por encima de todo, "el sentido común es siempre su mejor aliado contra este tipo de fraude. Nadie da nada sin algo a cambio y el amor a primera vista en internet es una posibilidad muy remota", subraya el responsable de Panda. Además de eso, y aunque exista la tentación de ceder a la propuesta de negocio, el usuario debe siempre hacer un contacto en el "mundo real".

Si se ve envuelto en un fraude por internet, la mejor solución es contactar con las autoridades. "Aunque la resolución a este tipo de crímenes es complejo, las autoridades legales están cada vez más preparadas para lidiar con ciber-criminales", concluye Francisco Leitão.

También Timóteo Menezes, responsable del área de seguridad de Symantec, apunta a varios ejemplos para que los usuarios se protejan de los hoaxes cibernéticos. Pero, una vez más, el sentido común debe prevalecer. "No divulgar 'passwords' o dar información personal innecesariamente, no abrir anexos o 'links' de destinatarios desconocidos o no solicitados y mantener las informaciones financieras y confidenciales con seguridad", refuerza.

Si es cogido por un esquema de estos, además de contactar de inmediato con las autoridades, el responsable apunta que los usuarios no se deben olvidar de alertar a la entidad afectada, "como el banco, por ejemplo, si el fraude es financiero y tiene que ver con una tarjeta de crédito emitida por esa entidad". Es más: debe cambiar 'passwords', "limpiar" el ordenador para eliminar potenciales virus e instalar un anti-virus.

Famosos **fraudulentos**
Si acostumbra a buscar información sobre sus actores preferidos es mejor pensárselo dos veces. Un estudio de McAfee también seleccionó a los diez famosos asociados a páginas de internet con virus peligrosos.

La actriz Cameron Diaz es la reina del 'malware' (un software destinado a infiltrarse en un PC ajeno), pero Brad Pitt o la modelo Heidi Klum no se quedan atrás. El sistema es simple: son enviadas imágenes por email que, una vez abiertas, permiten el acceso a los 'passwords' del ordenador y al correo electrónico, las redes sociales y, en algunos casos, hasta a las cuentas bancarias.

Los esquemas de 'phishing' (fraude caracterizado por tentativas de adquirir informaciones sigilosas), en la que los piratas informáticos "pescan" ('phish') los datos de los usuarios, son cada vez más comunes. La Caja y el Montepio General, por ejemplo, han sido blanco de una de estas maniobras y ya avisaron a todos sus clientes sobre su política de seguridad, es decir, que nunca jamás podrán solicitarles datos confidenciales vía mail. Paypal, eBay, el HSBC y Facebook son los "reyes" del 'phishing', según un informe de BitDefender. Como no, las instituciones bancarias son los blancos preferidos de los piratas informáticos, representando cerca del 70% de los mensajes de 'phishing'.

Los Fraudes más populares

Esquema nigeriano

Es una de los más antiguos fraudes utilizados en internet. El usuario recibe un email de alguien de fuera del país - normalmente de Nigeria, de ahí el nombre del esquema -, que necesita transferir una suma muy elevada de dinero y garantiza una recompensa financiera significativa por la ayuda en el proceso. Solamente pide un adelanto para ayudar a pagar las tasas bancarias. Después del envío de este valor, del envío de mil euros, el contacto desaparece para siempre y, excusamos decir, que no se recibe cualquier compensación financiera por la "ayuda" prestada.

Novias

Una joven, normalmente de Rusia, "descubre" la dirección de email del usuario y demuestra interés en conocerlo. Panda dice que son siempre jóvenes y se muestran deseosas de visitar el país del destinatario del mensaje y en conocerlo personalmente, después de declarar una pasión por este. Tras algunos emails intercambiados, le dice que quiere visitarlo a su país con el objetivo de conocerlo. Posteriormente, pide algún dinero para los billetes, visados y burocracias, cerca de mil euros. Si el usuario "pica" en este esquema, el dinero desaparece y la muchacha rusa también.

Ofertas de empleo

Un mensaje proveniente de una empresa extranjera que está reclutando agentes financieros. El trabajo es simple y posible de ser realizado desde su propia casa, con promesas de ganar tres mil con tan sólo tres a cuatro horas de trabajo al día. Al aceptar las condiciones, se le solicitan los datos bancarios al usuario, que estará recibiendo dinero robado de otras cuentas bancarias por parte de los ciber-criminales. El dinero es transferido hacia la cuenta del usuario engañado, a quién se le pide que transfiera el dinero recibido. En caso de investigación policial, este usuario será considerado cómplice del fraude.

Loterías falsas

Este fraude es en todo muy semejante al esquema nigeriano. Se recibe un email indicando que el usuario fue vencedor de la lotería. En ese mismo email se les solicitan sus datos personales para realizarle la transferencia del valor del premio. Tal como en el esquema nigeriano, los estafadores le solicitan el envío de un adelanto para cubrir los gastos bancarios, de cerca de mil euros. Claro que el valor de la supuesta lotería nunca llega a la cuenta bancaria del usuario engañado.

Facebook/Hotmail

Se ha hecho cada vez más popular los últimos años. Los criminales consiguen los datos necesarios para acceder a las cuentas del Facebook, Hotmail, u otras redes sociales. Modifican los 'passwords' para impedir que el usuario legítimo pueda acceder a su cuenta, y le envían un mensaje a todos los contactos en nombre del usuario para informar que este se encuentra de vacaciones (Londres es un destino escogido con frecuencia por los estafadores) y que le han robado. Como tal, les pide ayuda a los contactos para que le transfieran entre 500 y mil euros para poder pagar el hotel.

Compensaciones

Este es un pretexto más reciente que tiene origen en el esquema nigeriano, la base de muchos fraudes desarrollados posteriormente. El email le dice que fue constituido un fondo para compensar a las víctimas del fraude nigeriano y que la dirección del usuario se encuentra en un listado entre los posibles afectados. Se le ofrece una compensación pero, tal como en el esquema original, es necesario pagar un adelanto de cerca de mil euros para cubrir las tasas bancarias para realizarse este pago.

Engaños directos

Muy popular los últimos tiempos debido a la crisis financiera. El contacto es realizado con alguien que haya publicado, en clasificados, la venta de una casa, automóvil u otro bien. Los estafadores contactan con el responsable por el anuncio y llegan a un acuerdo para comprar ese bien, enviando rápidamente un cheque, siempre con un valor superior al estipulado. Enseguida le solicitan al vendedor la devolución de la diferencia, pero el cheque no tiene cobertura, el bien permanece sin venderse y la víctima pierde el dinero devuelto.

Troll (internet)

Un troll designa una persona cuyo comportamiento tiende sistemáticamente a desestabilizar una discusión, a provocar y a enfurecer a las personas que participan en ellas. El término surgió en la Usenet, derivado de la expresión trolling sea suckers (lanzando el cebo para los truchas), identificado y atribuido a los causantes de las sistemáticas flamewars.

El comportamiento del troll puede ser encarado como una prueba de ruptura de la etiqueta y de las formas de educación más habituales, que es algo que tiene bastante valor en las sociedades civilizadas. Ante las insistentes provocaciones, las víctimas pueden perder la conducta civilizada y llegar a las agresiones personales. Este es otro tipo de fraude, un fraude de tipo personal, de gente que se hacen pasar por otras personas con de alterar a otras persona mediante provocaciones para lograr que estos comenten actos o digan cosas que jamás dirían o harían en otras situaciones más civilizadas, socialmente hablando.

Formas de actuar

Hay trolls de todo tipo, desde el más ignorante y el grosero que maldice, hasta el más apto intelectualmente que discute con el objetivo de desestabilizar al interlocutor e intentar sacarlo de sus casillas para después poder descalificarlo, matando su argumento y desprestigiando su reputación en los foros. Para el troll, la reacción a un comentario polémico es considerado como una diversión, una forma de obtener placer en la indignación de las personas y observar el desequilibrio emocional y mental que provocan sus comentarios.

Hay varios sistemas que han sido desarrollados por los trolls para actuar en los foros Internet, entre ellas:

• Jugar al cebo y salir corriendo: consiste en postear un mensaje polémico muy grande esperando una gran reacción en cadena y una flame war. Sin embargo el troll no vuelve a intervenir más veces en la discusión que el comenzó después del mensaje post original y se divierte con la repercusión del mismo. Una forma más blanda es postear informes polémicos sólo para observar la reacción de la comunidad.

• Inducir a bajar el nivel: algunos trolls prueban la paciencia de los interlocutores, inducen y persuaden a la persona para que pierdan el buen sentido de la discusión y poder apelar así a su bajeza y grosería. Con eso, el troll "quema la película", consigue que la persona se auto-difame en la comunidad por haber descendido a un nivel tan bajo.

• Repetición de mentiras: es otro método usado que induce al cansancio, aquí el troll repite su conjunto de mentiras hasta que lleve su interlocutor a la extenuación, venciendo la discusión por abandono del oponente.

• Desfile intelectual: un troll puede tener buen nivel intelectual, un vocabulario sofisticado ante los otros usuarios de la discusión, desfilar referencias y contradecir los argumentos de los rivales por conocimiento e investigación, muchas veces exponiéndolos al ridículo y cuestionando su formación educacional.

• Transponer autoría: es muy común también que un troll acuse a su víctima de ser un troll para quitarse de encima la identificación como tal, abriendo camino hacia las alternativas anteriores.

- Engañar el lector: es usado principalmente por los mensajdes en blogs o en los comentarios de los mismos, donde normalmente el material enviado es de procedencia dudosa, o falta a la verdad.

Motivaciones

Lo que motiva un troll a actuar generalmente son: auto-afirmación, ideología, fanatismo, cachondeo o simplemente la ociosidad de la gente. En entrevistas de la Usenet, algunos trolls famosos confesaron que buscaban sólo un poco de atención y de combatir el tedio cotidiano. La mayoría de ellos también portaba alguna característica personal no resuelta favorablemente tales como algún trauma infantil, algún fracaso financiero y amoroso y hasta diagnósticos psiquiátricos.

Grupos

Algunos trolls que simpatizan por algún determinado asunto actúan en grupo, muchas veces son numerosos. Dentro de ese grupo algunos tienen el papel de la argumentación, otros en la ridicularización y otros sólo en la concordancia, intimidando al adversario emocionalmente y casi siempre llevándolo a abandonar la discusión. Es muy difícil combatir a los trolls que actúan en grupo, siendo un necesario moderador para censurarlos a todos en caso de que persistan en su conducta.

En algunos foros esos individuos pueden ser usados por una única persona, usando varias personalidades virtuales diferentes para generar su propia opinión. Ese recurso es conocido como clone y su eficacia depende de la eficiencia del moderador del foro que puede identificar fácilmente a estos clones por sus números de IP.

Hay casos en los que un moderador se aliar con un grupo de trolls y atraen a las víctimas para exponer su opinión sobre los temas debatidos para inmediatamente enseguida masacrarlos entre todo el grupo de trolls. Eso genera el sentimiento de satisfacción a todos los trolls de la comunidad. Ese fenómeno es reciente y actualmente se están observando bastante en blogs y en comunidades del Orkut, donde los moderadores/autores actúan como medio de la intolerancia, prejuicio y provocación (disfrazados de opinión) y en conjunto forman un enlace comunitario de auto-afirmación.

Proceso

Como fue descrito por Robert Bond en The International Review of Law, Computers & Technology (Revisión Internacional de la Ley, Ordenadores y Tecnología), los trolls frecuentemente demuestran un comportamiento patrón:

"El artículo "The Art of Trolling" (El Arte de un Troll), publicado en la web, considera que un "troll" no es un monstruo taciturno que vive debajo de un puente abordando a los viandantes, sino que es alguien que pone su opinión con la intención de producir un gran volumen de respuestas frívolas. El contenido de un post de un troll suele alcanzar a diversas áreas. Puede consistir en una aparente loca contradicción del sentido común, una ofensa deliberada a los lectores o un post alargado con pocas palabras secuenciales que ocupan mucho lugar y es muy molesto para el lector."

Combate

Para combatir a los trolls de forma eficiente, los usuarios y los asistentes de las comunidades sólo tiene que cumplir con una eficiente regla: No alimente a los trolls. (del inglés Don't feed the trolls). Significa ignorar completamente a alguien que se comporta como un troll aunque las ganas de responder sean grandes. Un troll no tiene nada que perder, este siempre va a volver y a incomodar y molestar - este necesita de la atención para obtener placer.

Ignorando a un troll los usuarios no sólo minimizan su acto sino que también provocan un profundo disgusto y frustación en él. Eso ni siempre es fácil y ni exige que a veces requiera de mucho esfuerzo de la comunidad durante meses pero el metódo es eficiente. Si absolutamente nadie le presta atención al troll, este desistirá de actuación por el disgusto de no conseguir respuesta a sus provocaciones.

Para los moderadores de las comunidades, existen medios de evitar que un troll provoque estragos, las recomendaciones son las siguientes:

• Establecer reglas rígidas de comportamiento y respeto hacia otros usuarios, vigilar todo el contenido de los mensajes para certificar que ningún derecho está siendo violado.
• Cortar de raíz comentarios provocativos, suspendiendo temporal o permanentemente a los autores y a aquellos que los repliquen.
• Ignorar amenazas y actuar fríamente dentro de un clima desestabilizado.
• No dejarse envolver ideológicamente contra la opinión del troll, eso lleva a la generación de nuevos trolls que no están de acuerdo con el anterior y que tiene el respaldo del moderador. Eso resta credibilidad al propio foro.
• Hacer chequeos de IP siempre para certificar que no hay clones. Dar un ultimátum a un grupo de opinión troll cuando esos comiencen a pasar los límites y no vacilar a la hora de suspender a todos aquellos en el caso de que la conducta persista.
• Una regla más invasiva pero no tan bien avenida es eliminar todos los mensajes del troll a punto de que este tenga todos sus comentarios eliminados, generando cansancio y que este acabe desistiendo. Esta regla es eficiente pero muy peligrosa ya

que puede alejar a los contribuidores legítimos al ver que muchos puntos de polémica de la comunidad están siendo eliminados. Esto también es usado como medio de herramienta de un moderador censor/troll lo que puede arruinar a la comunidad y a su reputación.

La Trollface es una figura usada comúnmente en internet para representar a un troll, ha siendo reiteradamente compartida y publicada en las redes sociales cuando se quiere representar una provocación a alguien o a alguna persona. Esta imagen surgió en 2008 en la web DeviantArt, publicada por primera vez por el usuario Whynne, que la describió como una tentativa fracasada de diseñar a un roedor. Es considerado como la principal y más conocida imagen de troll de Internet.

Banker

Banker además de significar "banquero" en inglés, representa una nueva variación del término Hacker, como tantas otras ramificaciones del término; cracker (que usan el hacktivismo de manera destrutiva y para el interés propio), el phreaker (hacking en sistemas telefónicos), carder (envuelto en las tarjetas de créditos), entre otros.

Los Banker estan envueltos en el robo de informaciones bancarias, sea como desarrollador de los troyanos, o como integrantes de grupos o equipos de bankers. Estas informaciones son utilizadas para robos, compras, transferencias indebidas desde las cuentas bancarias de las víctimas, e incluso para venta o cambio de las informaciones entre los otros bankers.

En 2006 la web Línea Defensiva registró un aumento del 600% del número de ese tipo de troyanos que roban datos. La web pone a disposición de los usuarios una herramienta gratuita para la eliminación de bankers, el Bankerfix.

Este tipo de troyano es creado por desarrolladores con conocimiento técnico. Un analista de Karpersky, dijo que los crackers/bankers, tienen conocimientos técnicos en programación, y que muchos de los troyanos desarrollados, no son muy complejos. Los lenguajes de programación más usadas para ese tipo de troyanos creados por bankers, llamados Keyllogers Bankers:

- Borland Delphi
- Microsoft Visual Basic
- Microsoft Visual Studio C#

Esos son los compiladores usados. Llamados en el Mundo de los Bankers como, 'kl banker', los Troyanos son esparcidos en las redes sociales, o en archivos con nombres comunes en las webs de upload de archivos. Ese tipo de troyanos en Rusia, son más peligrosos, más difíciles de ser detectados. El Brasil es el país líder en el desarrollo de este tipo de virus. Existen precios variados para comprar tales virus, que pasan de los 100 , depende rá mucho de los bancos que el virus está espiando. Las cuentas capturadas, también son comercializadas en internet. Pero los bankers no siempre usan troyanos para ese tipo de ataque. Se usa mucho la técnica, Pharmming. Que es una técnica de redireccionamiento de webs originales del banco hacia copias de la web del banco u otras paginas falsas.

Una diferenciación que las personas del medio les gusta hacer es que el hacker no es cracker, hacker usa su conocimiento para el bien. El cracker invade cuentas para hacer el mal, roban cuentas bancarias, invaden ordenadores ajenos, entre otros, buscando sólo su propio beneficio. Cuidado al abrir los emails enviados por los bancos.

El cebo

La estafa cebo es una forma de vigilancia de Internet, donde el vigilante se hace pasar por una víctima potencial al estafador con el fin de hacerle perder el tiempo y los recursos, y obtener información que será de utilidad por las autoridades, y exponer públicamente el estafador. El SCAM se utiliza sobre todo para impedir estafas y también se suele hacer por el sentido del deber cívico, como una forma de diversión, o por ambas razones.

El Cebo se inició de una manera muy simple, respondiendo a una estafa de correo electrónico, a partir de una cuenta de correo electrónico de usar y tirar, es decir, una que sólo se utiliza para ser el cebo. El cebo a continuación pretende ser receptivos al gancho financiero que utiliza el estafador.

Los objetivos del cebo son, sin ningún orden en particular:

• Mantener el cebo el mayor tiempo posible, haciendo perder el tiempo y la energía al estafador.
• Reunir toda la información posible, para que el estafador se pueda identificar personalmente y pueda ser expuesto públicamente.
• Asegurar que las estafas y los nombres que se utilizan, se encuentran fácilmente por las arañas de los motores de búsqueda, como una estrategia preventiva.

El elemento más importante de la estafa cebo, sin embargo, es simplemente hacer perder la mayor cantidad de tiempo al estafador como sea posible. Un método popular es pedir al estafador un cuestionario inventado para que lo rellene, hacerle constantemente preguntas sobre el negocio, intentando destapar las partes más oscuras, diciéndole de que si es una estafa, usted tiene todos sus datos y que lo pondrá en conocimiento de las autoridades, etc… esto algo que le hará perder el tiempo y sus ganas de seguir estafando. Cuando esto se hace durante mucho tiempo es cuando el estafador se empieza a preocupar por el acosador que no tiene intención de ser víctima de la estafa, se hace que el estafador se empiece a preguntar si valdrá la pena estafar a las víctimas para robarles su dinero.

Los cebos a menudo usarán nombres de broma que, aunque obviamente son ridículos para un hablante nativo de inglés o de otro idioma, pasará desapercibido por el estafador. Del mismo modo los acosadores pueden introducir personajes, e incluso la trama de series o de películas o de programas de televisión para darle un efecto cómico. También es conocido que los mismos estafadores suelen adoptar nombres falsos que en su cultura nativa parecerían igualmente ridículos. Esto refleja que los cebos de estafas occidentales usan nombres de la cultura popular, a diferencia de los orientales, probablemente sería poco probable identificar los nombres que estén familiarizados con la cultura popular de Asia.

En febrero de 2011, en la televisión belga en un programa de ocio fue grabado, con cámaras ocultas, cómo fue engañado un estafador durante una reunión con acosadores, como incrementaron la apuesta por la participación de un hombre con un solo brazo, dos enanos y un pony. Finalmente, se hizo una redada policial falsa, en la que fueron detenidos los acosadores y el estafador fue libre, dejando el dinero atrás, y sin ningún tipo de sospecha.

Giros postales falsificados

Según el FBI, el 26 de abril 2005 Tom Zeller Jr. escribió un artículo en The New York Times en relación con un aumento en la cantidad y calidad de la falsificación de los giros postales de Estados Unidos, y su uso para cometer fraude online. Algunos pequeños minoristas de Internet, los anunciantes de anuncios e individuos contactados por estafadores online fueron víctimas de esta actividad fraudulenta.

En los Estados Unidos de América, la pena por la fabricación o el uso de los giros postales falsificados es de hasta diez años de cárcel y/o una multa de $ 25,000.

Fraude automotriz Online

Son los mensajes de un estafador de vehículos inexistentes en venta en un sitio web, por lo general coches de lujo o coches deportivos, anuncian coches con un precio muy por debajo de su valor de mercado. Los detalles del vehículo, incluyendo fotos y descripción, se consiguen normalmente de sitios como craigslist, AutoTrader, cars.com o Autoscout24.com. Un comprador interesado, con la esperanza de una ganga, envía un correo electrónico al estafador, quien le responde diciendo que el coche está todavía disponible, pero se encuentra en el extranjero. O bien, el estafador le dice que este está fuera del país, pero que el coche está en una empresa de transporte. El estafador entonces le da las instrucciones a la víctima para que le envíe un depósito o el pago completo a través de transferencia bancaria para iniciar el proceso de "envío". Para que al realizar la operación está parezca más legítima, el estafador le pedirá al comprador que le envíe el dinero a un agente falso que es una tercera persona que supuestamente ofrece protección para las compras. Las víctimas incautas envían el dinero, y, posteriormente, descubren que han sido estafadas.

En otro tipo de fraude, un estafador contacta con alguien que ha puesto un vehículo en venta online, el estafador le pregunta por el número de identificación del vehículo (VIN) con el fin de comprobar el registro de accidentes del vehículo. Sin embargo, el ladrón utiliza realmente el VIN para hacer la documentación falsa de un coche robado, con el fin de venderlo.

Los vehículos también pueden ser utilizados como parte de la estafa con cheques de cajero falsos.

Exportación de coches y las compañías de verificación

Mientras que la gran mayoría de los sitios web en Japón son de empresas de negocios genuinos, también es un hecho de que los fraudes online son negocios que están muy vivos, y están bien estructurados en Japón. Es muy importante para los importadores extranjeros que puedan verificar cada empresa y no enviar dinero hasta tener un plena certeza de que la empresa es un negocio genuino. La verificación de cada una de las empresas japonesas se puede hacer en " Organización Trust Company Japan".

Estafa cheque de caja.

Bienes raíces

Los propietarios de los de anuncios en Craigslist o de rent.com reciben una respuesta por correo electrónico de un posible inquilino de un país extranjero, por lo general un estudiante recién salido del instituto (high school en los EE.UU.). El primer mail parece legítimo. El segundo por lo general viene con una solicitud de más información y con un archivo adjunto de una empresa falsa creada por el artista de la estafa que indica que el "estudiante" ha ganado una beca a tiempo parcial de la empresa. El estafador a menudo creará una página web falsa para la empresa, con el fin de hacer que el archivo adjunto parezca legítimo. La estafa viene con el tercer email: una solicitud de nombre y dirección para que la "compañía " le pueda enviar a la víctima un cheque de caja para cubrir el alquiler y los gastos de viaje del "estudiante".

La víctima recibe instrucciones para cobrar el cheque y que le piden que mande la diferencia a los estudiantes para que puedan viajar al país de destino. En Estados Unidos, los bancos consideran que los cheques certificados son "fondos garantizados" y se suelen cobrar al instante. Sin embargo, a diferencia con un cheque certificado, el banco que cobra un cheque de caja todavía puede reclamar el dinero a los depositantes después verificar si el cheque es falso o si este "rebota" por falta de fondos. Debido a la demora entre el cobro y la compensación de la cuenta, la víctima no se da cuenta de que se ha sido estafada hasta que se le carga en su cuenta el importe total del cheque de caja que le enviaron los autores del fraude, además de los honorarios por intentar cobrar cheque sin fondos.

Automoción

En esta variación, un estafador finge interés por un vehículo que está en venta en Internet. El "comprador", explica que este representa a un cliente que esté interesado en el coche, pero debido a una venta anterior que fracasó, este tiene un cheque de caja de miles de euros más que el precio de venta. El estafador le pide a la víctima que el envíe en efectivo o por transferencia la diferencia económica del cheque que este le enviará. Si el vendedor acepta la transacción, el estafador le envía el cheque falso a través de mensajería urgente. La víctima lleva el cheque a su banco, y consigue los fondos disponibles de inmediato. Pensando que el banco ha cobrado el cheque, el vendedor sigue el trato y le envía el dinero al comprador. Días después, el cheque es rechazado, y la víctima ha perdido la cantidad de dinero que le envió a los autores del fraude, además de todos los costos asociados al cheque sin fondos.

El efectivo sistema de verificación

Los estafadores negocian grandes compras con la víctima (por ejemplo, ofrecen 200,000 en productos de una empre sa víctima) aceptan un pago por adelantado a través de transferencia bancaria. Después de realizar el pedido, el estafador afirma que el pago a través de la transferencia bancaria no es práctico, y en su lugar envía un cheque falso simulando que proviene de una entidad financiera verdadera. Después de enviar el cheque a los jefes de la empresa víctima de los productos, estos ingresan el cheque, lo cobran y envían los productos a los estafadores. Cuando la entidad financiera detecta que el cheque es falso y avisan a la empresa de la transacción fraudulenta en contra de su cuenta, les solicitan la devolución del pago, y el resultado es que la empresa víctima acaba perdiendo tanto sus bienes como el dinero.

En otros casos, los estafadores negocian transacciones más pequeñas, como por ejemplo, pedidos de 6000 , y pag an estos con cheques falsos escritos con una cantidad superior a la del coste del pedido, y luego le piden al comerciante que les haga una transferencia por el "exceso" de dinero enviado, a poder ser usando la compañía Western Union a una cuenta en otro país.

Reenvío

Otras estafas son el envío a individuos de productos para que estos los reenvíen a otros países con sistemas judiciales débiles. Los productos normalmente se pagan con tarjetas de crédito robadas o falsas.

Versión africana

En las estafas de reenvío africanos, los estafadores reclutan a las víctimas en los países occidentales a través de salas de chat y de sitios web de citas, desarrollan relaciones a larga distancia con sus víctimas para obtener sus datos personales. Después que de la víctima acepta la propuesta de noviazgo o de matrimonio del estafador, se compran artículos online con tarjetas de crédito robadas de otras personas y se envían a las víctimas sin su conocimiento. El estafador se afirma que los productos fueron enviados a una dirección equivocada, y le pide a la víctima que se fije en las etiquetas preimpresas de los paquetes y que las vuelva a enviar a la dirección real de los estafadores. Una vez que la víctima reenvía los productos, el estafador deja de tener cualquier tipo de comunicación con la víctima. Las víctimas a menudo descubren que la cuenta del envío de las etiquetas preimpresas estaban a su nombre cuando la compañía de mensajería le solicita el pago de los envíos recibidos.

Versión de Europa del Este

La estafa de reenvío de Europa del Este es una variante de la versión en la que los estafadores reclutan a las víctimas a través de anuncios clasificados presentándose como una sociedad europea tratando, cada vez más, de establecer su presencia en los Estados Unidos.

Los estafadores explican que van a comprar bienes en los Estados Unidos que necesitan ser reenviados a un destinatario final en Europa. Los estafadores le envían las mercancías fraudulentamente adquiridas a las víctimas y las víctimas reenvían los bienes a los estafadores. A veces, los estafadores no sólo envían etiquetas de envío preimpresas para las víctimas, sino que también incluyen un cheque falso como pago a los servicios de mensajería de los exportadores. En el momento en el que el cheque es rechazado, los productos ya se han reenviado y los estafadores cortan todo tipo de contacto con sus víctimas. Veamos un ejemplo del mensaje típico:

XXXXX Inc. Invita a los residentes de los distintos países para cooperar con nosotros. Encontramos su currículum en el sitio web JobXXXX porque estamos en busca de profesionales de confianza y hemos recibido informaciones suyas que nos han llegado por medio de amigos y/o familiares suyos. Nuestros clientes necesitan recibir las mercancías en varios países. Por lo tanto, estamos creando una red de agentes regionales cuyas funciones son la recepción de los bienes y del envío de estas mercancías a nuestros gestores de envío. Le pagamos 40 por paquete reci bido. Garantizamos el pago digno de su trabajo. Este trabajo es para usted. Si usted quiere ganar desde 150 a 800 po r semana y trabajar sólo 2-3 horas al día. Este trabajo requiere puntualidad, buena capacidad de organización y competencia con Microsoft Windows y los programas Office para mantener el inventario y rellenar formularios si fuese necesario. Este trabajo es ideal para: amas de casa, estudiantes, personas mayores, personas con discapacidad. No se necesita dinero para empezar. Este es un negocio que requiere solamente de una cantidad limitada de tiempo.

Requisitos:

1. Un ordenador con acceso a Internet, y email.
2. No trabajamos con personas menores de 18 años
3. 1-3 horas libres durante la semana
4. Revisar su correo electrónico varias veces al día (cada hora es perfecto)
5. Responder a mensajes de correo electrónico de inmediato
6. PayPal cuenta para recibir pagos (Western Union también se acepta)
7. Ser responsable y trabajador. Ofrecemos un salario competitivo, incluyendo la comisión y el reembolso de gastos.

Por favor enviar su curriculum a xxxxxxxxxxx.com
¡gracias
XXXXXX XXXXXXX
gerente
XXXXXXX Inc.

Versión en chino

La estafa de reenvío en China es una variante de la versión de Europa del Este, en el que los estafadores reclutan a las víctimas a través de spam. Los estafadores se presentan como una empresa china que está creciendo y que está tratando de establecer su presencia en los Estados Unidos o Europa. Modelo de correo de contratación:

"Estimado Señor/Señora, soy el Sr. XXX XXX, gestión XXXXXXXXXXX Corp. Somos una empresa que se ocupan de los equipos mecánicos, equipos y minerales, productos eléctricos, químicos y médicos, productos de industria ligera y equipos de oficina, y de exportación el Canadá/América y Europa. Estamos buscando representantes que pueden ayudarnos a establecer un medio para hacer llegar las mercancías a nuestros clientes en

Canadá/Estados Unidos y Europa, así como de hacer pagos a través de usted para nosotros. Por favor, si usted está interesado en realizar transacciones comerciales con nosotros, estaremos encantados. Por favor, póngase en contacto con nosotros para obtener más información. Sin perjuicio de su satisfacción se le dará la oportunidad de negociar el modo en el que le vamos a pagar por sus servicios como nuestro representante en Canadá/Estados Unidos y Europa. Por favor, si usted está interesado en esta oferta envíenos su número de teléfono/fax y las direcciones de contacto completos. Gracias de antemano. Sr. XXX XXX. Director Gerente"

Versión australiana

En la estafa de reenvío de Australia, una empresa en los Estados Unidos está en contacto con un cliente potencial, indicando que le gustaría hacer un pedido a la empresa. Una vez que la empresa responde, y verifica que los productos que desean están disponibles, el estafador le pedirá un pago por el envío a Australia, y le explica que se tiene que pagar con tarjeta de crédito.

Una vez que la empresa víctima envía el presupuesto al defraudador, responden que ellos tendrán a su agente de EE.UU. o el representante de mercancías que irán hasta la ubicación de la empresa y recogerán allí mercancía, y el agente enviará los productos al "cliente". El estafador le pregunta a la empresa para agregar un cargo adicional plausible de EE.UU. de 700 a 1.500 dólares por el coste total, y que pagará esa cantidad al "agente" cuando vaya a recoger la mercancía. El estafador también le ofrece una compensación adicional a la empresa, por la molestia adicional de pagar a su agente. Las razones que se ofrecen para este arreglo podría ser "la compañía de transporte sólo se acepta dinero en efectivo", o "el agente no tiene una TPV para cobrar con tarjetas de crédito". Si la empresa víctima responde que esto no es posible, el estafador cortará la comunicación.

Normalmente hay muchos errores gramaticales y de ortografía en las comunicaciones. Veamos un modelo de contratación de esta estafa:

"Estimado XXXX, Gracias por el presupuesto total de su pedido. El coste total de su pedido es muy correcto y me parece bien para mí y estoy dispuesto a pagar las cuentas. Voy a informar a mi agente de carga para que vaya a recoger el pedido y nos lo haga llegar inmediatamente, puedo darle una llamada en ese mismo día para conseguir los artículos empaquetados para la recogida y le llamarán a su llegada a su dirección. También quiero que me ayude a pagar los 1,200.00$ a la agencia de transporte que vendrá a recoger mis artículos que le pedí a usted. Los 1,200.00$ que se pagarán a la agencia de transportes es por el envío de mi pedido y de otros artículos que pedí en diferentes partes del país que deberán ser recogido por el agente de transporte y debe ser deducido de mi tarjeta de crédito. Además, se lo compensaré con la cantidad de 350.00$ para la cuota de transferencia y por sus esfuerzos. Tenga en cuenta que debería de haber pagado a la agencia del envío con mi tarjeta de crédito por todos los envíos que me ha a realizar pero me dijeron que no tiene manera de cobrar una tarjeta de crédito que solo cobran en efectivo, así que por eso pongo mi voto de confianza en usted y quiero que usted me ayude en esta medida, por lo que quiero que le pagué en metálico al agente de transporte y que después usted me incluya los gastos y el dinero del pedido y acordado a mi tarjeta de crédito, entonces usted puede ahora hacer la transferencia al agente a través de Western Union o pagarle en metálico cuando vaya a recoger el pedido, pero prefiero que le pague ya por Western Union para garantizar la recogida. Yo le tengo mucho afecto por hacer esto por mi, así que los gastos que va a cargar en mi tarjeta de crédito serán de: 23,114.61$ por la mercancía, 1,200.00$ por el pago al mensajero por Western Union más su Compensación: 350.00$ total: 34.764.61$."

Subasta online y sistemas de venta al por menor

En un sistema de subastas online, un estafador inicia una subasta en un sitio como eBay o TradeMe con precios muy bajos y sin precio de reserva, especialmente para artículos de alto precio por lo general relojes, ordenadores, o de alguna colección de alto valor. El estafador acepta el pago del ganador de la subasta, pero o no entrega la mercancía prometida, o entrega un elemento que es de menos valor que la que se ha pagado, por ejemplo, un elemento de la falsificación, restaurado, o usado. Según datos de la policía y de las organizaciones de protección al consumidor, los esquemas fraudulentos que aparecen en los sitios web de subastas online son algunas de la forma más frecuente de fraude masivo en la comercialización   de   productos.

Los sistemas al por menor online incluyen tiendas completas online que parecen ser legítimas. Al igual que con el sistema de subasta, cuando la víctima hace un pedido a través de dicho sitio, se cobra su dinero, pero no se envían las mercancías, o se envían productos de escasa calidad en relación a lo supuestamente comprado.

A veces, los estafadores utilizan técnicas de phishing para secuestrar una cuenta de usuario legítima en una subasta online, normalmente en sitio donde su cuenta tenga una reputación muy positivo y lo utilizan para crear una tienda online falsa. En este caso, el estafador recauda el dinero, mientras que arruinar la reputación del miembro de eBay estafado. Cuando las víctimas se quejan de que no han recibido sus mercancías, el titular legítimo de la cuenta recibe la culpa.

Una variante más sutil del fraude de las subastas online se produce cuando un vendedor envía un artículo a una dirección incorrecta que está dentro código postal del comprador utilizando el servicio de confirmación de entrega del Servicio Postal. Este servicio no requiere que el destinatario firme el paquete, pero ofrece la confirmación de que el servicio postal entregó el paquete dentro del código postal especificado. El artículo enviado es normalmente un sobre vacío sin remitente ni nombre de destinatario, es simplemente una dirección diferente a la de la víctima. La entrega del sobre con la confirmación de entrega con códigos de barras es suficiente para que el Servicio Postal grabe la entrega confirmada. El estafador puede entonces reclamar que el paquete ha sido entregado, y ofrece la confirmación de la entrega como prueba para apoyar su alegación.

Fraude PayPal

En el fraude de PayPal, el estafador se dirige a las subastas de eBay que le permiten al comprador recoger el artículo personalmente al vendedor, en lugar de tener que enviar el artículo, siempre y cuando el vendedor acepte PayPal como medio de pago.

El estafador utiliza una dirección falsa, con un apartado de correos para hacer sus ofertas, como PayPal permite tal dirección sin necesidad de confirmarla, estas operaciones no están cubiertas por la política de protección del vendedor de PayPal. El estafador compra el artículo, paga por este a través de PayPal, y luego recoge el artículo de la víctima. El estafador entonces revoca la venta, se reclama la devolución a PayPal declarando que no habían recibido el artículo. La política de PayPal es que se puede revocar una transacción de compra a menos que el vendedor pueda ofrecer un número de seguimiento del envío como prueba de la entrega, PayPal no aceptará las pruebas de vídeo, ni un documento firmado, o cualquier otro medio de prueba que no sea un número de seguimiento como prueba válida de la entrega. Este tipo de fraude se puede evitar aceptando sólo dinero en efectivo de los compradores que deseen recoger mercancías en persona.

Oportunidad de negocio o esquemas de "Work -at -Home"

Los estafadores suelen utilizar internet para anunciar supuestas oportunidades de negocio que permiten a las personas para ganar miles de dólares al mes en negocios, estos son los llamados "trabajo en casa". Estos sistemas suelen solicitar a las personas el pago nominal de importantes sumas de dinero para los "planes de negocios" u otros materiales. Los estafadores luego no pueden entregar los materiales prometidos, ni proporcionan la información adecuada para hacer un negocio viable, o proporcionan información fácilmente disponible de forma gratuita en internet o la proporcionan a un coste sustancialmente mayor de su precio de mercado.

En la mayoría de esos sistemas, después de que la víctima pague una cuota de suscripción se le enviarán "consejos" sobre cómo colocar los anuncios, de forma similar a la que lo contrató, con el fin de reclutar a otros suscriptores. Esta es una forma de esquema de   Ponzi.

Otra estafa de trabajo en casa implica kits para los pequeños trabajos manuales, tales como cajas de CD para ser montadas por la víctima en su casa. La víctima paga una cuota por el equipo, pero después del montaje y la devolución del artículo, el estafador lo rechaza porque el trabajo no cumple sus estándares de calidad, negándose a reembolsarle a la víctima el coste del kit. Las variaciones de esta estafa incluyen el trabajo montar bisutería en casa, rellenar sobres, llevarle la facturación a una empresa o el grabador de datos, o la lectura de libros por dinero.

Una estafa reciente de trabajo en casa tiene como objetivo la explotación de personas desempleadas. Se le ofrece un trabajo en casa, y el estafador le dice que representa a una empresa real. Se establece una entrevista mediante mensajería instantánea por lo general Skype. Le dicen a la víctima que ha sido contratada, y que recibirá grandes salarios y beneficios. Para empezar a trabajar con ellos le dicen a la víctima que tiene que comprar un software de contabilidad, y que este tiene un coste de 600$. Luego le piden que el dinero lo paguen a través de Western Union. Lógicamente, el estafador se queda con el dinero, y no hay ningún trabajo real. Las víctimas después de realizar el pago y ver que no reciben nada, intentan contactar con el empresa, pero esta le comunica que ni conocen al estafador y que tampoco tienen ningún tipo de representantes de empresa.

Fraude de las Donaciones

El estafador atrae a la víctima mediante una oferta de empleo por correo electrónico de una empresa falsa. El estafador puede haber construido una página web muy elaborada para la empresa falsa, para que la oferta parezca creíble. La oferta incluye un salario exageradamente generoso a tiempo parcial, y trabajo no calificado. La principal responsabilidad de este trabajo bien remunerado es ser un intermediario de "donaciones", supuestamente destinados a las víctimas de un desastre natural.

El estafador le pide a la víctima sus números de cuentas bancarias, supuestamente para depositar las donaciones en la cuenta de la víctima para que la víctima pueda redistribuirlos. Como parte del "proceso de contratación", el estafador también le pide el número de la Seguridad Social de la víctima y la fecha de nacimiento.

Con esta información, el criminal controla los saldos de las cuentas de la víctima. Cuando aparece una cantidad más grande de lo normal en la cuenta bancaria, como un cheque de pago, el estafador saquea la cuenta.

Fraude de la transferencia de dinero

El fraude de la transferencia de dinero consiste en una oferta de empleo que consiste en transferir dinero a una empresa extranjera, supuestamente porque cuesta demasiado como para hacerlo otras formas más convencionales. El posible correo electrónico que recibe la víctima puede parecerse a cualquiera de los dos siguientes ejemplos:

"Estimado Señor / Señora, XXXXXX somos una empresa pequeña ubicada en XXXXXX. Suministramos XXXXXXX a clientes de diversos países. Hemos alcanzado un volumen de ventas muy grande en Europa principalmente, y ahora estamos tratando de introducirnos en el mercado EE.UU. / Canadá. Muy pronto vamos a abrir oficinas de representación o centros de venta autorizados

en los EE.UU., por lo que en estos momentos estamos buscando a personas que nos ayuden a establecer una nueva red de distribución allí. El hecho de que a pesar de que el mercado de EE.UU. es nuevo para nosotros, ya tenemos clientes habituales que también hablan por sí mismos. El impuesto por la transferencia internacional de dinero para las personas jurídicas (empresas) en el país XXXXXX es del 25%, mientras que para el individuo es de sólo un 7 %. No tiene sentido para nosotros trabajar de esta manera, mientras que el impuesto por la transferencia internacional de dinero realizada por un particular es del 7%. Por eso que te necesitamos. Necesitamos agentes para recibir el pago de los productos con órdenes de pago, cheques o transferencias bancarias y que luego nos vuelvan a enviar el dinero a nosotros a través de Money Gram o Western Union Money Transfer. De esta manera vamos a ahorraremos mucho dinero debido a la disminución de impuestos.

DESCRIPCIÓN DEL TRABAJO

Recibir el pago de los clientes
Realizar pagos en efectivo en su banco
Deducción del 10% que será su porcentaje / pago por cada pago procesado.
Enviar el saldo restante después de la deducción de su porcentaje en cualquiera de las oficinas que se le comunicará para el envío (normalmente por Money Gram o Western Union Money Transfer).
¿Cuánto va a ganar? El 10 % por cada operación. Por ejemplo: Si usted recibe 7.000 USD a través de cheques o de giros postales a nombre nuestro. Usted va a cobrar el pago y se quedará con $ 700 (el 10 % de $ 7000) para usted. Al principio su comisión será del 10 %, aunque más adelante podrá ser incrementada hasta el 15%

VENTAJAS

Usted no tiene que salir de casa para trabajar, ya que usted será un contratista independiente que tendrá su oficina en casa. Su trabajo es absolutamente legal. Usted puede ganar hasta 3000-

Conclusiones

Espero que después de la lectura de este libro usted sea más cauto con los correos que recibe, con a quién le da sus informaciones personales y en donde invierte su dinero.

En Internet la gran mayoría de las empresas son legítimas, son serias, con buenos productos a buenos precios, hay muchas personas que colaboran gratuitamente para que usted tenga buenos servicios en Internet de manera gratuita, como una mayor seguridad, hay muchas empresas y modelos de negocios en los que invertir, que trabajan de manera honesta y honrada y presentan productos y/o servicios de calidad, por ello no hay que desconfiar de todo el mundo hasta llegar a un estado casi paranoico, en muchos casos simplemente hay que aplicar el sentido común, o simplemente buscar un poco de información y ya simplemente con estas dos acciones se ahorrará que algún día pueda tener un disgusto.

Muchas gracias por leer este libro y espero que les halla sido de ayuda.

Bibliografía

Para la realización de este libro se han leído, traducido, consultado y contrastado información con las siguientes fuentes de información:

Libros

Delitos informáticos y delitos comunes cometidos a través de la informática, de Margarita Roig Torres y Enrique Orts Berenger.

Manual de delitos informáticos, de Roberto Lemaitre Picado.

Páginas web

http://wikipedia.org

http://delitosinformaticos.org

Acerca del Autor

Ángel Arias

Ángel Arias es un consultor informático con más de 12 años de experiencia en sector informático. Con experiencia en trabajos de consultoría, seguridad en sistemas informáticos y en implementación de software empresarial, en grandes empresas nacionales y multinacionales, Ángel se decantó por el ámbito de la formación online, y ahora combina su trabajo como consultor informático, con el papel de profesor online y autor de numerosos cursos online de informática y otras materias.

Ahora Ángel Arias, también comienza su andadura en el mundo de la literatura sobre la temática de la informática, donde, con mucho empeño, tratará de difundir sus conocimientos para que otros profesionales puedan crecer y mejorar profesional y laboralmente.

Estafas Digitales

Internet se ha convertido a día de hoy en una herramienta de comunicación más en nuestro día a día. Sin darnos cuenta, usamos Internet para enviar información personal para solicitar información sobre algunos productos, dar nuestras opiniones en foros o blogs, realizar algún tipo de gestión con alguna entidad bancaria o gubernamental, abrimos correos que parecen ser de personas o entidades conocidas cuando realmente no lo son, instalamos que nos ofrecen en Internet sin saber realmente lo que hacen, publicamos datos personales en redes sociales que pueden ser accesibles desde cualquier parte del mundo, invertimos en negocios increíbles que nos hacen creer que vamos a ganar fortunas sin ningún esfuerzo y un sin fin de cosas más que hacemos diariamente, y pocas veces prestamos la suficiente atención a la seguridad de nuestro ordenador, a la privacidad de nuestros datos, y peor aún, confiamos en personas que se nos presentan de la nada, con buenas palabras, con una buena imagen y con un buen producto, y con nos damos cuenta, ya no volvemos a saber nada de esas personas, pero tampoco de nuestro dinero ni de nuestro negocio.

Internet ha crecido exponencialmente en la última década, y con el ello el comercio electrónico, pero lo que es peor, el fraude y el engaño también ha crecido exponencialmente conjuntamente al comercio electrónico.

ISBN 9781495489051

90000

9 781495 489051